AF368008

100 EJERCICIOS Y JUEGOS
seleccionados de
iniciación al
ATLETISMO
(Carreras)

Valme Prado Durán
David Blanco Luengo

Título: 100 EJERCICIOS Y JUEGOS SELECCIONADOS DE INICIACIÓN AL ATLETISMO (CARRERAS)
Autoras y autoreses: Valme Prado Durán, David Blanco Luengo, José Fco. Wanceulen Moreno, Antonio
     Wanceulen Moreno

Fotografía de portada: FRANCISCO JIMÉNEZ PÉREZ

Editorial: WANCEULEN EDITORIAL
Sello Editorial: WANCEULEN EDITORIAL DEPORTIVA

ISBN (Papel): 978-84-18262-58-6
ISBN (Ebook): 978-84-18262-59-3

DEPÓSITO LEGAL: SE 914-2020

Impreso en España. 2020

WANCEULEN S.L.
C/ Cristo del Desamparo y Abandono, 56 - 41006 Sevilla
Dirección web: www.wanceuleneditorial.com y www.wanceulen.com
Email: info@wanceuleneditorial.com

ÍNDICE

INTRODUCCIÓN

Este título forma parte de una colección de juegos y ejercicios para los técnicos y monitores de los distintos deportes, en la que, de cada uno de ellos se ofrecen 100 juegos y ejercicios para su entrenamiento y para su enseñanza. Esta colección cubre un hueco en la bibliografía sobre el proceso de enseñanza-aprendizaje deportivo.

Las actividades propuestas pueden aplicarse directamente. Para adaptarlas a diferentes niveles de enseñanza y/o entrenamiento en función de los grupos con los que estemos trabajando, no hay mas que aplicar las oportunas modificaciones según consideremos adecuado: modular la velocidad de ejecución, acentuar o atenuar la dificultad de las acciones, limitar o aumentar el número de reglas limitantes, aumentar o disminuir el espacio y las distancias...

Las actividades incluidas están concebidas bajo una visión integral del entrenamiento, desarrollando todos los contenidos técnico-tácticos con las directrices actuales que rigen los procesos de enseñanza-aprendizaje de las actividades deportivas, y que persiguen la mejora simultánea de los aspectos técnicos, tácticos, físicos y psicológicos.

Metodológicamente, estas actividades, ofrecen una práctica cercana a la situación real de competición en la que se establezcan los procesos de relación interna, propios del deporte, con el objetivo fundamental de que el jugador fomente y potencie el pensamiento y capacidad táctica, en base a una continua toma de decisiones.

Todas las actividades están presentadas en una representación gráfica marcada por la claridad, de tal forma que su estructura inicial y su dinámica son observables a simple vista. A cada una de estas representaciones gráficas le acompaña una ficha explicativa, en la que se explicitan los objetivos principales y secundarios, los medios técnico-tácticos empleados, y las características organizativas: número de jugadores, tamaño del terreno, material utilizado y tiempo de actividad.

Material práctico para desarrollar las sesiones de entrenamiento y preparación de todas las edades y niveles.

El técnico deportivo en etapas de formación, y el profesor de educación física, siempre han demandado obras útiles con juegos y actividades prácticas para amenizar la sesión, y que recojan los aspectos específicos necesarios para una correcta formación motriz y una adecuado desempeño en la práctica deportiva.

Para los técnicos noveles representa una simplificación a la hora de elaborar las sesiones diarias. Y para los técnicos experimentados, una base sobre la que construir su trabajo diario para la mejora tanto de las habilidades genéricas como específicas, con la aportación de la propia experiencia.

Por ello, en esta obra, hemos incluido actividades muy seleccionadas del amplio repertorio existente, con el objetivo de ofrecer una propuesta real y de fácil puesta en práctica, evitando crear un manual repleto de variantes o de actividades de dudosa eficacia.

INTRODUCCIÓN A LAS ACTIVIDADES ATLÉTICAS

Aunque el carácter de este libro es eminentemente práctico, con el objetivo de ofrecer un número amplio de actividades para la iniciación a las carreras de atletismo, a continuación, realizamos una breve introducción teórica para situarnos adecuadamente en el punto de partida de nuestra propuesta.

De forma general, el atletismo es una actividad físico-deportiva en la que se incluyen diferentes pruebas: carreras, saltos y lanzamientos, que algunos autores definen como: "actividad *codificada* e *individual* que se desarrolla en un medio *estable*. Consiste en desplazarse reduciendo el *tiempo* y en proyectar el propio cuerpo o un artefacto aumentando el *espacio*".

Se trata de una actividad codificada, ya que se establece un código entre el profesor/entrenador y el alumno y unas normas o reglas que se establecen para llegar a un objetivo. El profesor/entrenador debe realizar una adaptación del reglamento conforme a las características del alumno. Individualmente, el sujeto tiene que realizar un esfuerzo personal y debe ser persistente, siendo muy importante la fuerza de voluntad.

El atletismo puede utilizarse con distintos fines. Dependiendo del ámbito de actuación, distinguimos:

- **Medio para la Educación Física.** Desarrollo integral del sujeto a nivel psíquico, físico, social...

- **Medio para la actividad recreativa.** Actividad de ocio.

- **Medio para el deporte**. Medio formativo (base) para otros deportes, al ser un deporte en el que se trabajan diferentes cualidades físicas: velocidad, resistencia, fuerza, flexibilidad... (Planificación).

Lo más importante es adquirir patrones de movimiento básicos, en los que la adquisición de la técnica es un elemento fundamental y el medio más eficaz, para conseguir el mejor resultado posible. Ésta, además, se mejorará a medida que lo haga la condición física y cada uno la irá adaptando para buscar la suya propia (estilo) según sus recursos, condición física y características antropométricas.

INTRODUCCIÓN A LAS CARRERAS

Correr, significa desplazarse por el espacio con una preocupación por la velocidad y la economía del esfuerzo, efectuando una sucesión de saltos separados (lo que la diferencia de la marcha) separados por fase de apoyo unipodal. Se trata de un movimiento cíclico con poca riqueza motriz (varios ciclos de movimiento durante el tiempo), siendo el más natural de los movimientos deportivos.

ASPECTOS MECÁNICOS DE LA ZANCADA

La zancada, como salto comprendido entre dos contactos sucesivos con el suelo, es el elemento esencial para el trabajo de iniciación a la técnica de la carrera. Consta de las siguientes fases:

FASE DE APOYO: momento en el que el pie del corredor está en contacto con el suelo. Tiene subfases sucesivas.

- **Amortiguación:** Periodo en que el centro de gravedad deja de descender hacia el suelo para volver a subir.

- **Sustentación:** Momento entre la fase de amortiguación y la de impulsión. Se puede dar antes, después, o en la vertical del centro de gravedad.

- **Impulsión:** Momento en que el centro de gravedad vuelve a subir y retomar velocidad.

FASE DE SUSPENSIÓN: empieza en el momento en que el pie de impulsión deja el suelo y termina en el momento en que el atleta vuelve a apoyarse.

PRINCIPIOS GENERALES DE LA INICIACIÓN ATLÉTICA

La iniciación al atletismo pasa por las siguientes etapas metodológicas:

- **ETAPA DE JUEGO ADAPTADO:** Primera etapa de aprendizaje que abarca desde los 6-12 años, se adquieren los patrones básicos (andar, correr, saltar, lanzar, etc.).

- Una vez adquirida la primera etapa pasamos a la denominada **ETAPA DE MODALIDADES ATLÉTICAS** (carreras, relevos, paso de valla, salto de longitud y altura, triple salto, lanzamientos de peso ligero (jabalina). En esta segunda etapa, la competición de utiliza como un medio de entrenamiento.

- **ATLETISMO COMO DEPORTE**, perfeccionamiento de las habilidades que se dan en la iniciación y se aprenden las restantes. La competición adquiere un proceso más formal donde el resultado ya es más importante.

En cuanto a su aplicación por edades, las fases podrían definirse como las siguientes:

- Fase de iniciación con juego adaptado (6-12 años)
- Formación (12- 16 años).

- Especialización (16-19, 20, etc.). En estas dos últimas se trabajan las modalidades atléticas.

- Perfeccionamiento.

- Alto rendimiento. Objetivos igual al atletismo como deporte.

CONTENIDO:

1. Carreras de obstáculos

2. Carreras de relevos

3. Carreras de resistencia

4. Carreras de velocidad

5. Marchas

SIMBOLOGÍA

Jugadores de distintos equipos:

Profesor: Jugadores agarrados:

Valla normal: Valla iniciación:

Cono: Cuerda/suelo:

Picas: Números:

Obstáculo: Aro:

Pelota: Pista de atletismo:

Testigo: Metros:

Taco de salida: Delimitador:

Direcciones:

De frente:

Saltos:

Cambio de sentido:

Movimiento curvo:

Pie derecho:

Pie izquierdo:

Segunda opción

Posiciones:

Elevación rodilla/ correr:

Salida de tacos:

Salto:

Elevación de pierna:

Andar/ marchar:

100 EJERCICIOS Y JUEGOS SELECCIONADOS DE ATLETISMO

(CARRERAS)

Ejercicio Nº 1	Objetivo Principal	Juego
	Objetivos Secundarios	Introducción lúdica a las vallas
Medios Técnico-Tácticos	Salto de vallas y toma de decisión	
Jugadores	Individual y libre	Campo	Pista de atletismo
Material	Vallas	Tiempo	10- 15 minutos

Explicación

Cuatro alumnos "paran", "policías de aduana" deberán atrapar a sus compañeros "los contrabandistas" antes de que superen la línea de fondo marcada por las vallas. Los cuatro primeros alumnos atrapados serán los que pararán posteriormente.

Observaciones	Cada policía solamente podrá atrapar a un contrabandista y para pasar a contrabandista deberán atrapar uno a uno.

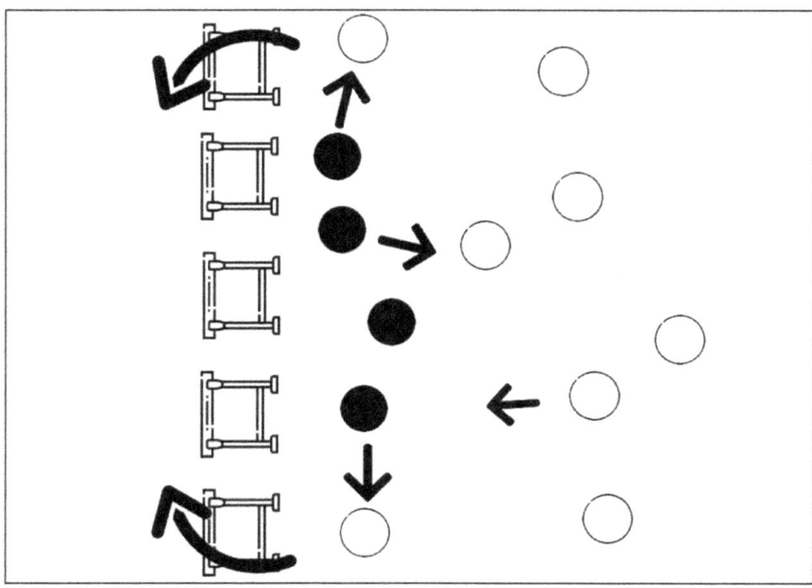

Ejercicio N° 2	Objetivo Principal	Juego	
	Objetivos Secundarios	Iniciación lúdica a las vallas	
Medios Técnico-Tácticos	Salto de valla		
Jugadores	Individual	Campo	Pista de atletismo
Material	Vallas	Tiempo	10 minutos
Explicación			

Jugamos a "la paras". El alumno que "para" persigue a un compañero, si éste salta una de las vallas distribuidas al azar en el terreno, el que "para" debe cambiar de perseguidor.

Observaciones	Todas las vallas deberán ser saltadas por la cara de los contrapesos.

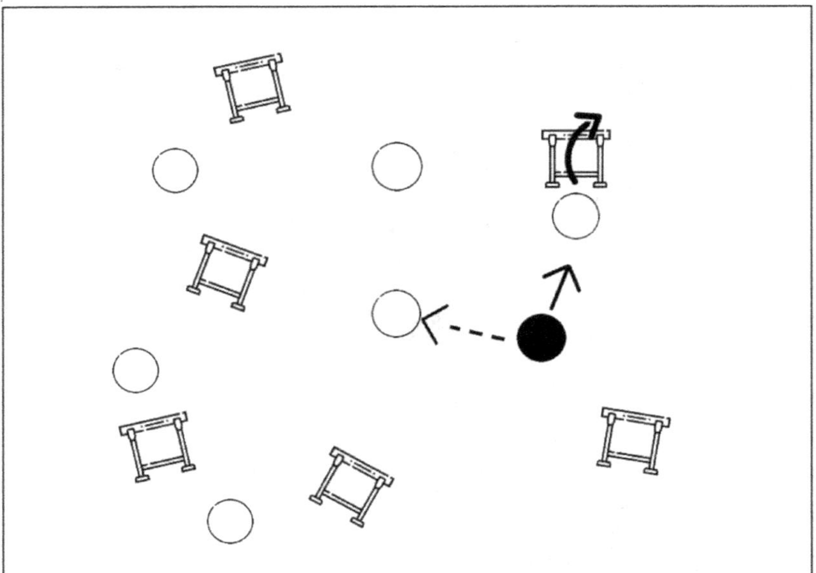

Ejercicio N° 3	Objetivo Principal	Juegos	
	Objetivos Secundarios	Salto y carrera	
Medios Técnico-Tácticos	Salto de vallas		
Jugadores	Individual y libre	Campo	Pista de atletismo
Material	Vallas y conos	Tiempo	10 minutos
Explicación			

Los alumnos compiten en busca del mejor crono pasando las vallas según gráfico.

Observaciones	Motivamos la sesión con competiciones de relevos, cronometrajes por equipos, transportando materiales…

Ejercicio Nº 4	Objetivo Principal	Motricidad base	
	Objetivos Secundarios	Mejora de la técnica	
Medios Técnico-Tácticos	Modificación de alturas		
Jugadores	Individual o por grupos	Campo	Pista de atletismo
Material	Picas, vallas, aros, bancos suecos..	Tiempo	15 minutos
Explicación			

Presentando un acondicionamiento del medio con varias estaciones semidefinidas el alumno soluciona cada situación.

Observaciones	El profesor reconduce la situación e introduce nuevas consignas de acción: franqueamos los obstáculos transportando pelotas, por parejas, los ojos cerrados…

Ejercicio N° 5	Objetivo Principal	Motricidad de base
	Objetivos Secundarios	Mejora de la técnica

Medios Técnico-Tácticos	Modificación distancias entre vallas		
Jugadores	Individual	Campo	Pista de atletismo
Material	Vallas de iniciación o material deportivo	Tiempo	15 minutos

Explicación

Con varias estaciones de vallas y variando la distancia de las vallas, en cada una de las estaciones, el alumno corre entre ellas.

Observaciones	Repetimos el ejercicio con distancias entre vallas alternadas e irregulares.

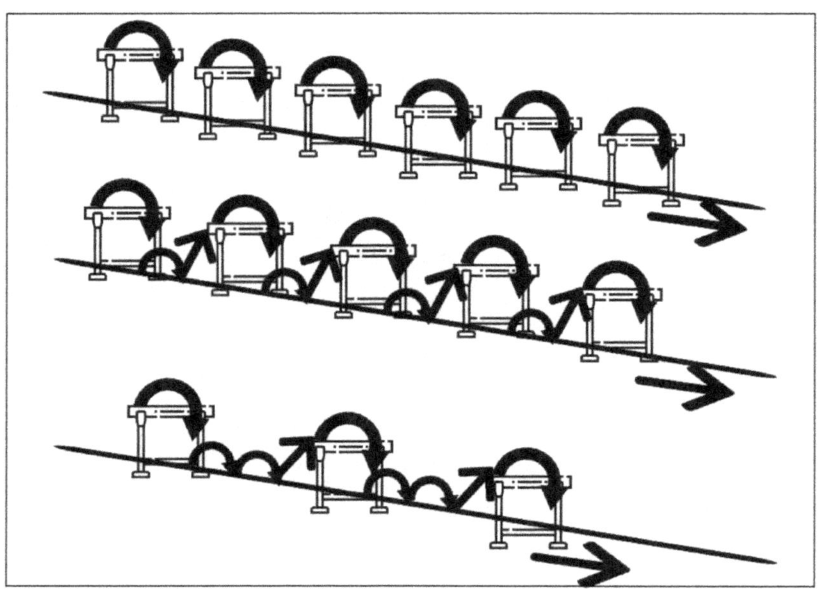

Ejercicio Nº 6	Objetivo Principal	Adaptación al paso de la valla
	Objetivos Secundarios	Mejora de la técnica
Medios Técnico-Tácticos	Movilidad de pierna atacante	
Jugadores	Individual	Campo	Pista de atletismo
Material	Vallas y una pared	Tiempo	5-10 minutos
Explicación			

El alumno, con una pierna apoyada delante de la valla, repite varias veces con la pierna posterior la acción de envolver la valla. Mantenemos las manos apoyadas en una pared con los brazos extendidos. Repetimos el ejercicio con ambas piernas.

Observaciones	El alumno localiza y se concentra en el movimiento de la pierna posterior

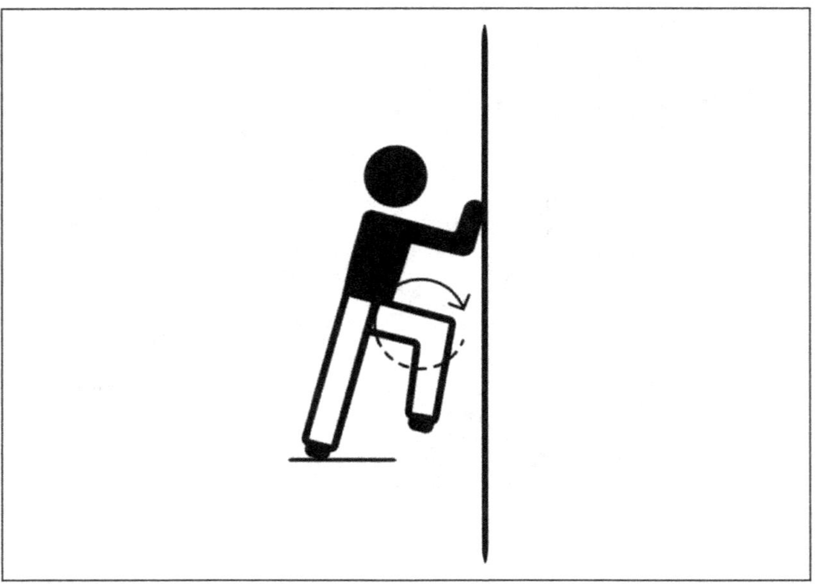

Ejercicio N° 7	Objetivo Principal	Adaptación al paso de la valla
	Objetivos Secundarios	Mejora de la técnica
Medios Técnico-Tácticos	Elevación de pierna atacante	
Jugadores	Individual	Campo	Pista de atletismo
Material	Obstáculo	Tiempo	5-10 minutos

Explicación
Realizamos acción de la pierna de ataque en un obstáculo. El alumno parte de un equilibrio estático en acción de batida o impulso.

Observaciones	Atacamos por la pierna estirada y con una buena coordinación de brazos y piernas.

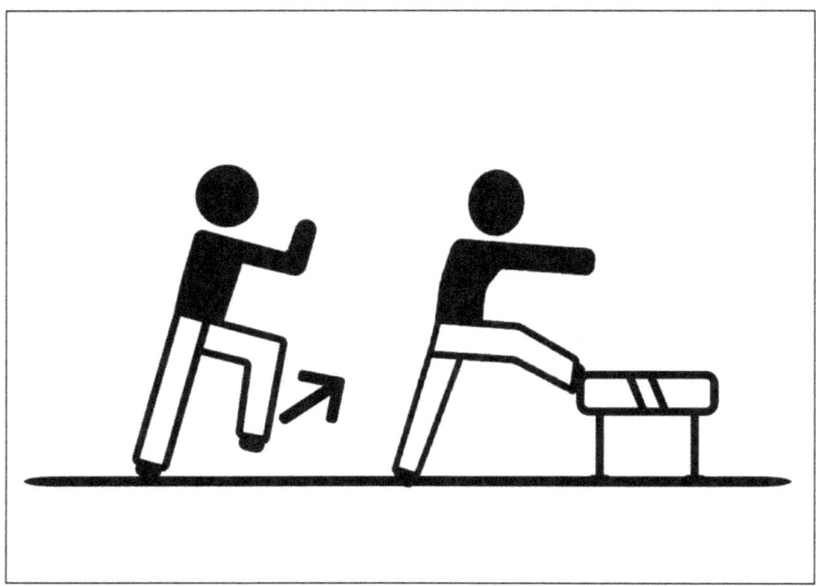

Ejercicio Nº 8	Objetivo Principal	Adaptación al paso de valla
	Objetivos Secundarios	Mejora de la técnica
Medios Técnico-Tácticos	Trabajo de pierna de recogida	
Jugadores	Por parejas	Campo	Pista de atletismo
Material	Obstáculos o vallas	Tiempo	5-10 minutos

Explicación

Un alumno estira de los brazos a su compañero que se encuentra con las piernas entre la valla, este último traspasa la pierna posterior en acción de envolver la valla, transportando la rodilla al frente.

Observaciones	Al pasar la valla mantenemos durante un instante un equilibrio con la pierna de ataque extendida, mientras la otra pierna permanece libre con la rodilla alta.

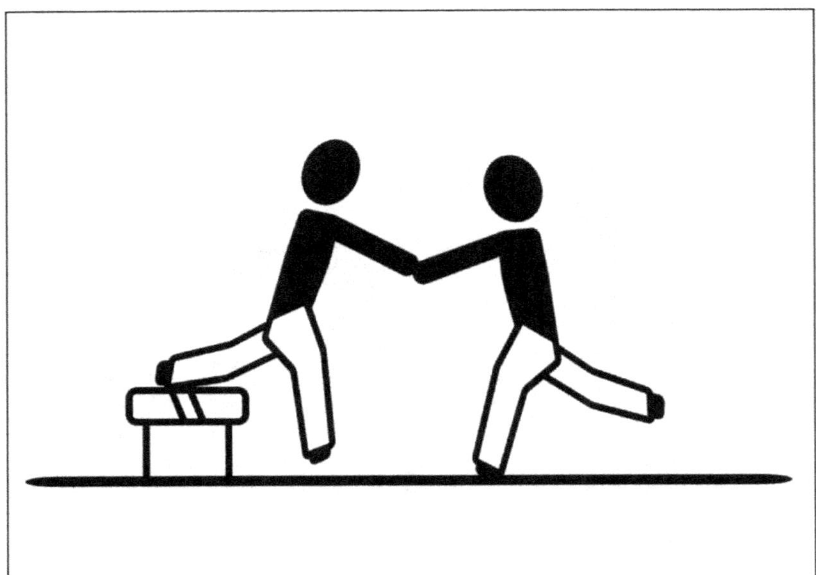

Ejercicio Nº 9	Objetivo Principal	Adaptación al paso de la valla
	Objetivos Secundarios	Mejora de la técnica
Medios Técnico-Tácticos		Reacción en el paso de valla
Jugadores	Individual	Campo	Pista de atletismo
Material	Vallas	Tiempo	10 minutos

Explicación

Pasamos vallas tan sólo con un apoyo entre ellas, procurando que la pierna posterior de batida pase rápidamente la valla y continúe su acción hacia el ataque de la valla siguiente.

Observaciones	No debemos mantener atrasada la acción del tronco, ya que dificultará la continuidad rítmica del ejercicio.

Ejercicio Nº 10	Objetivo Principal	El aprendizaje del paso de vallas
	Objetivos Secundarios	Mejora de la técnica
Medios Técnico-Tácticos	Reacción en el paso de valla	
Jugadores	Individual	Campo	Pista de atletismo
Material	Vallas de iniciación	Tiempo	5-10 minutos
Explicación			

Colocando las vallas en su punto más bajo, el alumno realiza acciones de "zarpazo" de pierna de ataque con apoyos de metatarso en su recepción.

Observaciones	En la recepción intentamos mantener la rodilla de la pierna libre alta y con una eficaz extensión de la pierna de recepción, manteniendo las caderas altas.

Ejercicio Nº 11	Objetivo Principal	El aprendizaje del paso de valla
	Objetivos Secundarios	Mejora de la técnica
Medios Técnico-Tácticos	Trabajo de tronco y pierna libre	
Jugadores	Individual	Campo	Pista de atletismo
Material	Vallas de iniciación	Tiempo	5-10 minutos

Explicación

Situando las vallas en su punto más bajo, efectuamos impulsos de pierna de batida, lanzando el tronco hacia adelante con una pequeña extensión de la pierna libre.

Observaciones	Mantenemos la coordinación de brazos y piernas, tratando de que la pierna libre recepcione lo más cerca de la valla sin que ésta se hunda.

Ejercicio Nº 12	Objetivo Principal	Desarrollar el ritmo entre vallas	
	Objetivos Secundarios	Mejora de la técnica	
Medios Técnico-Tácticos	Trabajo de tobillos		
Jugadores	Individual	Campo	Pista de atletismo
Material	Vallas u obstáculos	Tiempo	5- 10 minutos
Explicación			
Pasamos las vallas a dos zancadas, tres, cuatro…			
Observaciones	Para alumnos de iniciación podemos sustituir los obstáculos por vallas de iniciación.		

Ejercicio Nº 13	Objetivo Principal	Desarrollar el ritmo entre vallas
	Objetivos Secundarios	Mejora de la técnica
Medios Técnico-Tácticos	Trabajo de tobillos y ritmo	
Jugadores	Individual	Campo	Pista de atletismo
Material	Vallas iniciación u obstáculos	Tiempo	10- 15 minutos
Explicación			

Pasamos las vallas progresando en el número de zancadas, con distancias entre vallas crecientes. Adaptamos la distancia entre vallas a las características de los alumnos.

Observaciones	Este mismo ejercicio puede realizarse en regresivo en el número de zancadas y alternando progresivo con regresivo. También podemos progresar el número de zancadas entre distancias constantes, aumentando la frecuencia y disminuyendo la longitud de zancada.

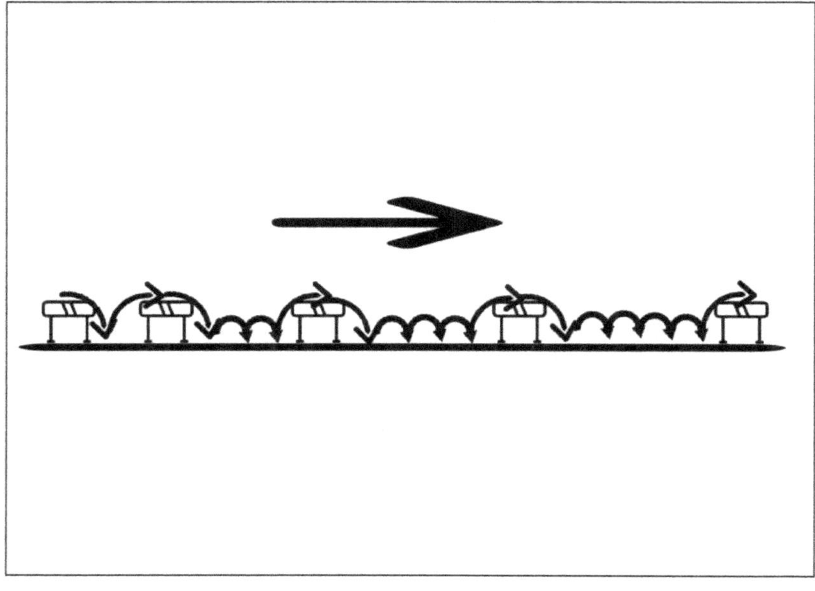

Ejercicio Nº 14	Objetivo Principal	Desarrollar el ritmo entre vallas	
	Objetivos Secundarios	Mejora de la técnica	
Medios Técnico-Tácticos	Trabajo de tobillos y ritmo		
Jugadores	Individual	Campo	Pista de atletismo
Material	Vallas	Tiempo	15 minutos
Explicación			
Desarrollamos el ritmo entre vallas situadas en una curva, cinco zancadas, seis, siete…			
Observaciones	¿Qué alumno consigue cruzar las vallas con menos zancadas?		

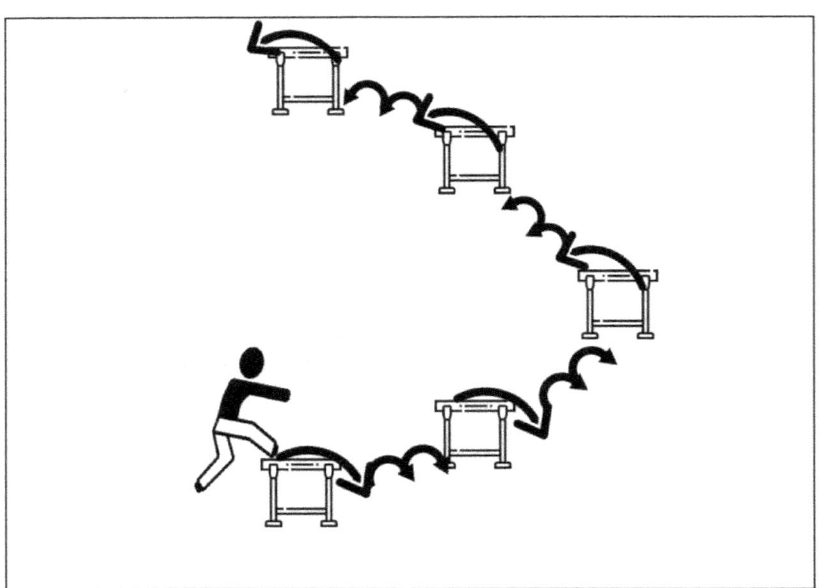

Ejercicio Nº 15	Objetivo Principal	Desarrollo de la zancada entre vallas
	Objetivos Secundarios	Mejora de la técnica

Medios Técnico-Tácticos	Trabajo de tobillos y cadera		
Jugadores	Individual	Campo	Pista de atletismo
Material	Vallas	Tiempo	5-10 minutos

Explicación

El alumno pasa la valla con una sola zancada entre ellas, tratando de que ésta sea de la mayor amplitud posible.

Observaciones	Corregimos todos los apoyos que no sean debidamente realizados de metatarso.

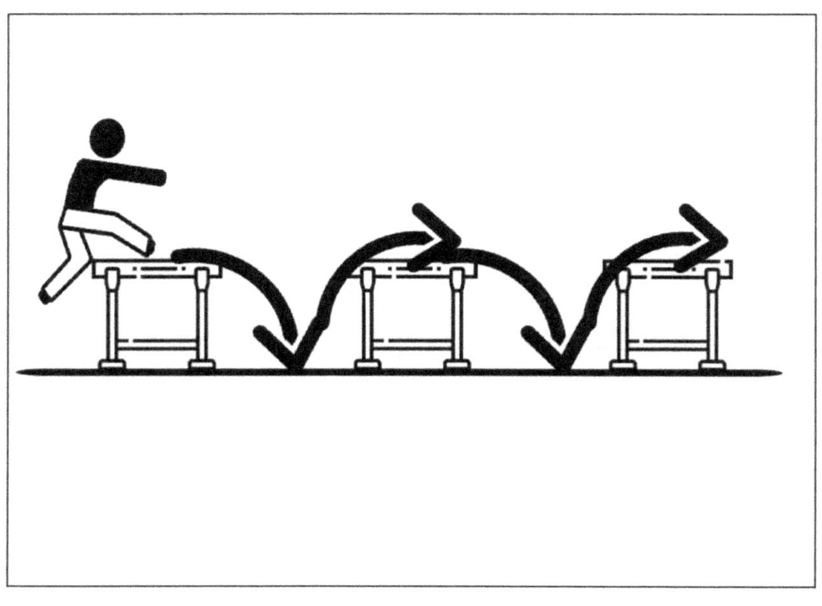

Ejercicio N° 16	Objetivo Principal	Desarrollo de la zancada entre vallas
	Objetivos Secundarios	Mejora de la técnica
Medios Técnico-Tácticos	Trabajo de tobillos	
Jugadores	Individual	Campo	Pista de atletismo
Material	Vallas	Tiempo	10 minutos
Explicación		
Pasamos las vallas con zancadas de carrera saltada.		
Observaciones	Iniciamos el ejercicio con vallas en el punto más bajo. Tratamos de que todos los apoyos se realicen con el metatarso.	

Ejercicio Nº 17	Objetivo Principal	Desarrollo de la zancada entre vallas	
	Objetivos Secundarios	Mejora de la técnica	
Medios Técnico-Tácticos	Trabajo de tobillos y movilidad de cadera		
Jugadores	Individual	Campo	Pista de atletismo
Material	Vallas	Tiempo	5-10 minutos
Explicación			
En la misma situación del ejercicio anterior, desarrollamos las zancadas con skipping largo de amplitud.			
Observaciones	El alumno se concentra en lograr unos potentes impulsos de zancada elevando la rodilla de la pierna libre.		

Ejercicio Nº 18	Objetivo Principal	Desarrollo de la zancada entre vallas
	Objetivos Secundarios	Mejora de la técnica
Medios Técnico-Tácticos	Asimilación distancia-velocidad-potencia	
Jugadores	Individual	Campo	Pista de atletismo
Material	Vallas	Tiempo	10 minutos

Explicación
Ejecutamos la base de las vallas con cinco zancadas entre vallas.

Observaciones	Queremos lograr que el alumno sea capaz de adquirir una relación estable entre frecuencia y amplitud de zancada, para que las vallas sean franqueadas a alta velocidad.

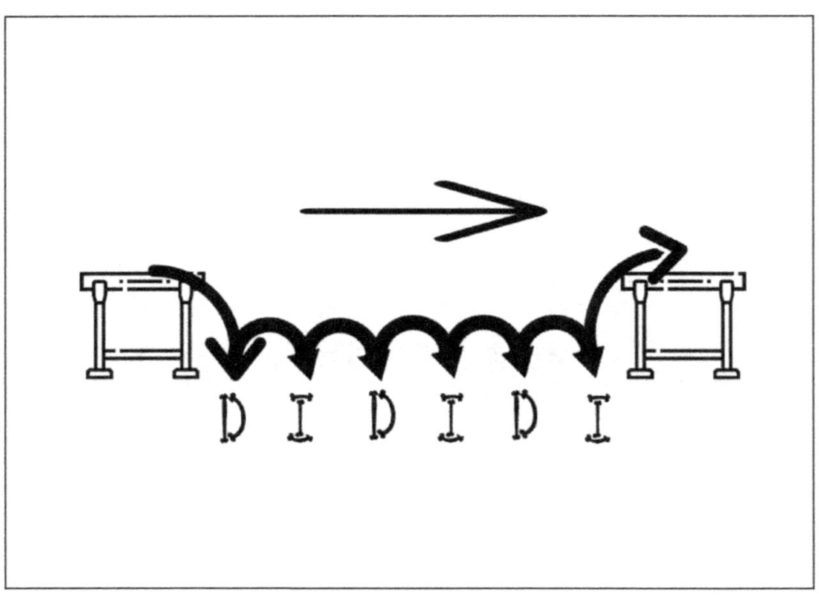

Ejercicio Nº 19	Objetivo Principal	Recorridos atléticos
	Objetivos Secundarios	Mejora de la técnica
Medios Técnico-Tácticos	Recopilación de los conocimientos adquiridos	
Jugadores	Individual	Campo	Pista de atletismo
Material	Vallas y obstáculos	Tiempo	15-20 minutos

Explicación

1) Impulsos de batida entre vallas.

2) Zarpazos de recepción de la pierna de ataque en vallas.

3) Acción de envolver la valla por un exterior.

4) Acción de pierna de ataque por el exterior de la valla.

5) Ritmo entre vallas con zancadas de "skipping".

6) Pasaje de las vallas a una sola zancada.

Observaciones   El profesor observa y conciencia a los alumnos de sus errores técnicos.

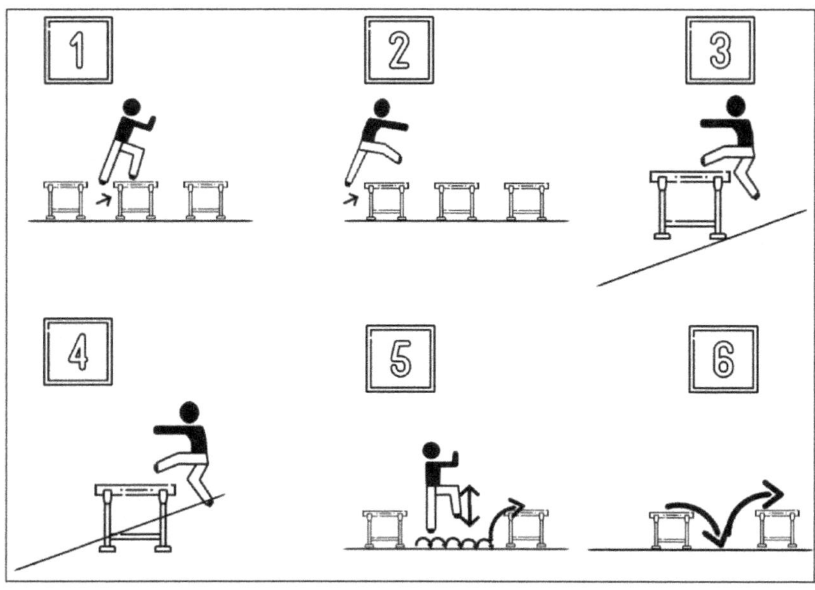

Ejercicio Nº 20	Objetivo Principal	Recorridos atléticos
	Objetivos Secundarios	Mejora de la técnica

Medios Técnico-Tácticos	Recopilación de los conocimientos adquiridos		
Jugadores	Individual	Campo	Pista de atletismo
Material	Vallas	Tiempo	15-20 minutos

Explicación

1) Pasar las vallas andando.

2) Pasar las vallas con un solo apoyo entre ellas.

3) Pasamos las vallas andando y mantenemos el equilibrio unos segundos al salir de cada valla.

4) Pasaje de vallas andando con ligero impulso previo a la batida y trabajando la acción de flexión-extensión del tronco.

5) Vallas en "skipping" corto de tres zancadas.

6) Salida y "ataque" de la primera valla.

Observaciones

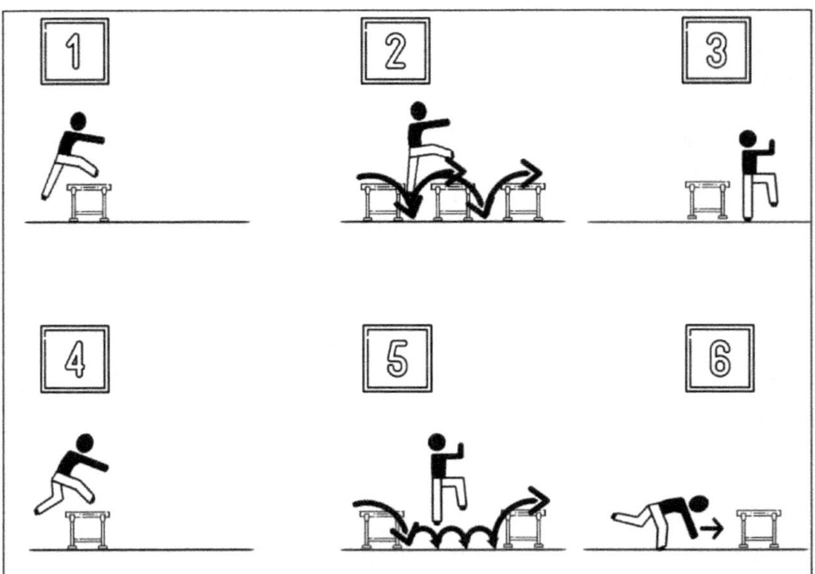

Ejercicio Nº 21	Objetivo Principal	Juegos
	Objetivos Secundarios	Iniciación a los relevos
Medios Técnico-Tácticos	Trabajo lúdico de velocidad	
Jugadores	Por equipos	Campo	Pista de atletismo
Material	Cuerdas	Tiempo	10 minutos

Explicación

Cada equipo separado por la mitad (las cuerdas serán limitantes) y en cada una de las mitades en un extremo del terreno de juego. Los jugadores efectúan relevos continuos dando una palmada a su compañero. ¿Cuántas veces cambiamos en dos minutos?

Observaciones	Realizar competiciones simultaneas entre varios equipos.

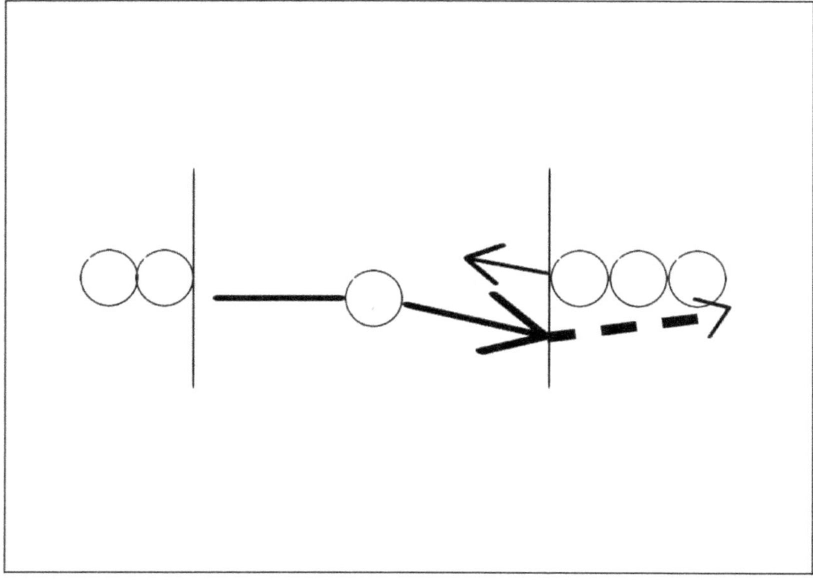

Ejercicio Nº 22	Objetivo Principal	Juegos
	Objetivos Secundarios	Iniciación a los relevos
Medios Técnico-Tácticos	Familiarización cambio de testigo	
Jugadores	4 grupos de alumnos	Campo	Pista de atletismo
Material	Conos y testigos	Tiempo	10-15 minutos

Explicación
Cada grupo de alumnos ocupa una esquina del terreno formando un cuadrado. A la voz del profesor el primer jugador de cada grupo portador del testigo corre hacia el centro del cuadrado realizando la consigna del profesor: cambio al grupo de la izquierda, derecha, cambio al grupo de enfrente, al mismo de donde se parte, dar dos vueltas y cambio,... Una vez es cambiado el testigo, el transmisor ocupa su lugar en el grupo receptor.
Observaciones

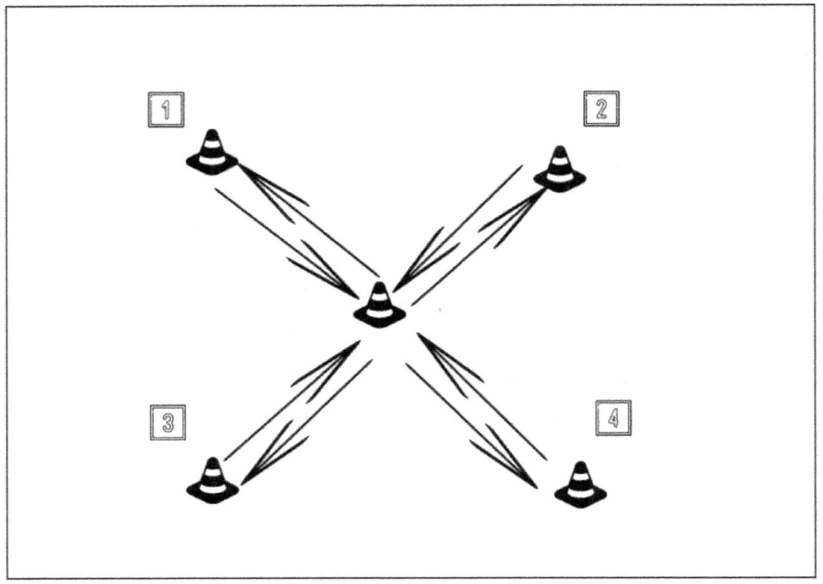

Ejercicio Nº 23	Objetivo Principal	Motricidad base
	Objetivos Secundarios	Iniciación a los relevos

Medios Técnico-Tácticos	Coordinación		
Jugadores	Alumnos en parejas	Campo	Pista de atletismo
Material	Conos	Tiempo	10-15 minutos

Explicación

Los alumnos compiten en relevos por equipos y en parejas cogidos de la mano.

Observaciones	Ampliamos la situación a tríos, cuartetos,…

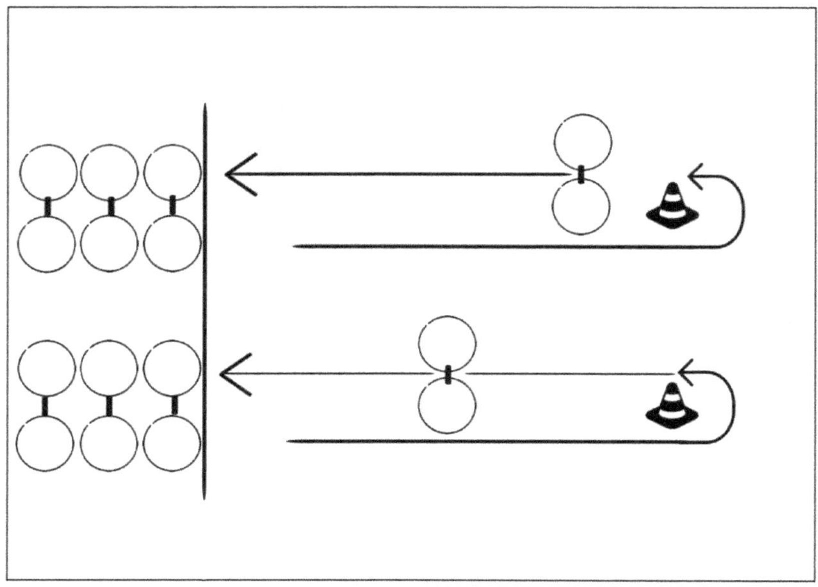

Ejercicio Nº 24	Objetivo Principal	Motricidad de base
	Objetivos Secundarios	Reacción de partida al estimulo visual
Medios Técnico-Tácticos	Concentración	
Jugadores	Individual	Campo	Pista de atletismo
Material	Un balón	Tiempo	10 minutos
Explicación			

Los alumnos se colocan en una misma línea de partida y observan a un compañero atrasado, el cual dará la señal de partida mediante el golpeo de un balón. Los alumnos no podrán partir hasta que el balón cruce la línea que queda por detrás de la salida.

Observaciones

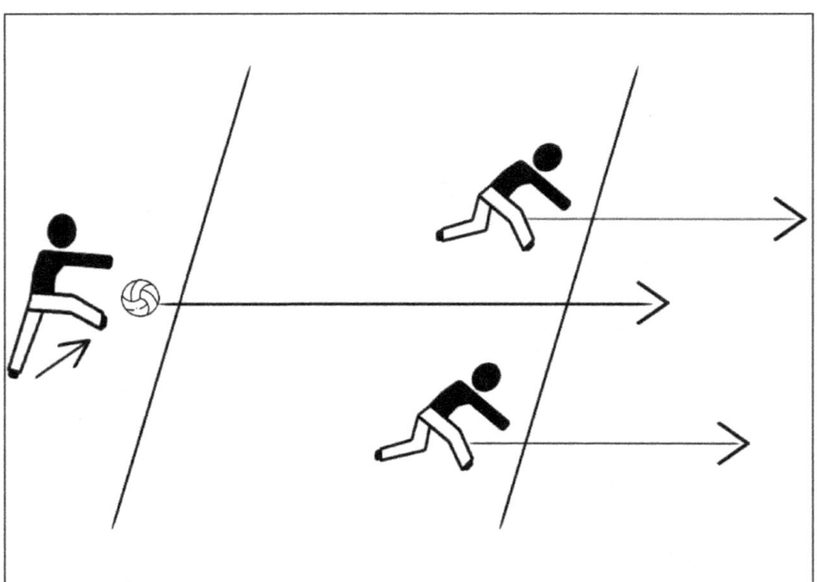

Ejercicio Nº 25	Objetivo Principal	Conocimiento técnicas de testigo
	Objetivos Secundarios	Dominio de su transmisión
Medios Técnico-Tácticos	Coordinación de transmisión y carrera	
Jugadores	En parejas	Campo	Pista de atletismo
Material	Un testigo por pareja	Tiempo	10 minutos
Explicación		

Aprendizaje de la técnica de transmisión de arriba-abajo: el corredor receptor estira el brazo hacia atrás con la palma de la mano dirigida hacia arriba de tal manera que el corredor con un movimiento descendente del brazo, coloca el testigo en la mano del otro relevista.

Aprendizaje de la técnica de transmisión de abajo-arriba: el corredor receptor estira el brazo hacia atrás con la palma de la mano dirigida hacia debajo de tal manera que el corredor con un movimiento ascendente del brazo, coloca el testigo en la mano del otro relevista.

Observaciones	Practicamos las entregas con ambas manos, aprendiendo a transmitir y recepcionar el testigo. Después lo haremos de abajo arriba.

Ejercicio Nº 26	Objetivo Principal	Conocimiento técnica de testigo	
	Objetivos Secundarios	Dominio de su transmisión	
Medios Técnico-Tácticos	Coordinación de transmisión		
Jugadores	En grupo	Campo	Pista de atletismo
Material	Testigos	Tiempo	5 minutos
Explicación			
	En una posición de parados y de pie, realizamos el ejercicio anterior. Posteriormente, repetimos el ejercicio andando.		
Observaciones	Utiilizar una consigna para indicar el momento del cambio de testigo.		

Ejercicio Nº 27	Objetivo Principal	Conocimiento técnica de testigo
	Objetivos Secundarios	Dominio de su transmisión
Medios Técnico-Tácticos	Coordinación de transmisión	
Jugadores	Por parejas	Campo	Pista de atletismo
Material	Un testigo por pareja	Tiempo	5-10 minutos

Explicación

Dos alumnos corriendo a ligero trote, cambian el testigo alternando una y otra vez las posiciones de transmisión y recepción.

Observaciones	¿En qué técnica cambian mejor?

Ejercicio Nº 28	Objetivo Principal	Coordinación de relevistas
	Objetivos Secundarios	Mantener velocidad y distancia
Medios Técnico-Tácticos	Coordinación y carrera	
Jugadores	Grupos de cuatro alumnos	Campo	Pista de atletismo
Material	Un testigo por grupo	Tiempo	10-15 minutos

Explicación
Se realiza la misma ejecución del ejercicio anterior, pero esta vez, los alumnos emiten una consigna para indicar el momento del cambio.

Observaciones	El profesor observa y rectifica las incorrecciones técnicas de los alumnos.

Ejercicio Nº 29	Objetivo Principal	Coordinación de relevistas
	Objetivos Secundarios	Mantener velocidad y distancia
Medios Técnico-Tácticos	Coordinación y carrera	
Jugadores	Por parejas	Campo	Pista de atletismo
Material	Un testigo por pareja	Tiempo	15 minutos

Explicación

Dos alumnos corren uno detrás de otro en un ligero trote. El alumno atrasado, portador de testigo, debe estar atento al cambio de ritmo "sorpresa" que realizará su compañero. Inmediatamente esto suceda, el alumno responsable de la entrega deberá reaccionar y correr rápidamente hasta alcanzar la distancia de cambio y entregar el testigo.

Observaciones

Los alumnos se ponen de acuerdo en la técnica y consigna de cambio a utilizar.

Ejercicio Nº 30	Objetivo Principal	Coordinación de relevistas
	Objetivos Secundarios	Mantener velocidad y distancia
Medios Técnico-Tácticos	Coordinación y carrera	
Jugadores	Por parejas	Campo	Pista de atletismo
Material	Un testigo por pareja	Tiempo	10 minutos

Explicación
Dos alumnos uno sentado detrás de otro y a un metro de distancia, el alumno atrasado portador del testigo debe reaccionar y alcanzar a su compañero, cuando este salga a toda velocidad.

Observaciones	Debemos cambiar el testigo antes de la zona señalada.

Ejercicio Nº 31	Objetivo Principal	Transición-recepción de testigo
	Objetivos Secundarios	Efectuarlo a máxima velocidad
Medios Técnico-Tácticos	Coordinación y carrera	
Jugadores	Por parejas	Campo	Pista de atletismo
Material	Un testigo por pareja	Tiempo	10 minutos

Explicación

Un alumno portador del testigo, entrega el mismo a máxima velocidad, a un compañero que estará en posición de parado hasta que este se acerque a él.

Observaciones	Variamos las manos de entrega y el tipo de técnica utilizada.

Ejercicio Nº 32	Objetivo Principal	Transición-recepción de testigo
	Objetivos Secundarios	Efectuarlo a máxima velocidad
Medios Técnico-Tácticos	Carrera y coordinación	
Jugadores	Grupos de cuatro alumnos	Campo	Pista de atletismo
Material	Un testigo por grupo	Tiempo	10 minutos

Explicación

Los corredores se desplazan a una velocidad regular y separados a diez metros de distancia, el último de ellos con el testigo inicia una aceleración con objeto de cambiar el testigo correctamente en la técnica elegida al compañero que va delante y así sucesivamente hasta completar la acción los cuatro relevistas.

Observaciones	Vamos incrementando las distancias de diez en diez metros.

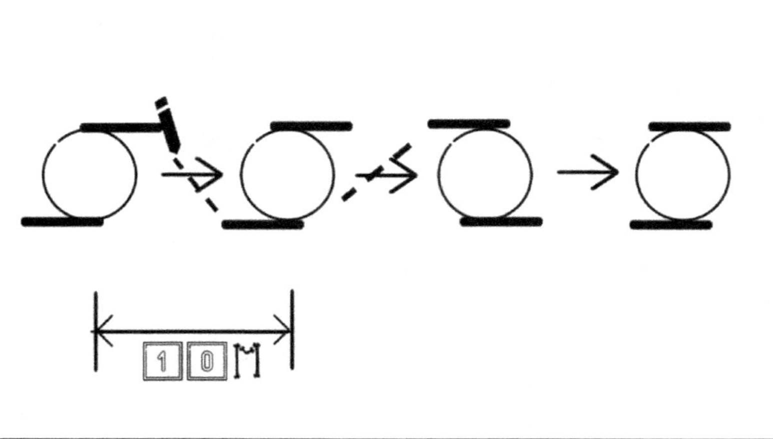

Ejercicio N° 33	Objetivo Principal	Transición-recepción de testigo
	Objetivos Secundarios	Efectuarlo a máxima velocidad
Medios Técnico-Tácticos	Coordinación y distancia	
Jugadores	Equipos de cuatro atletas	Campo	Pista de atletismo
Material	Testigos y conos	Tiempo	15 minutos

Explicación

Los corredores inician una carrera progresiva con el objeto de llegar a la zona señalizada de 40 metros, a la máxima velocidad posible y en el orden previsto del cambio de testigo; se trata de realizar los cuatro cambios de forma consecutiva, antes de concluir el espacio delimitado.

Observaciones — Desarrollo del ritmo específico del cambio de testigo.

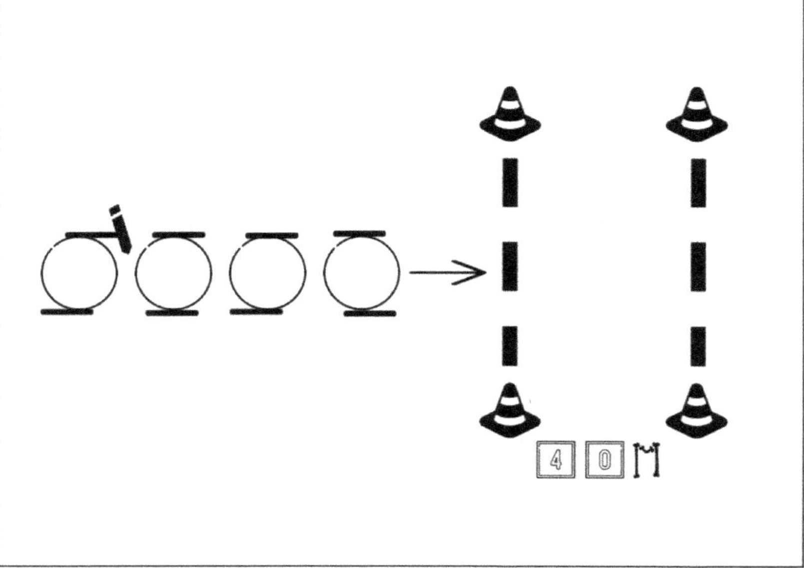

Ejercicio Nº 34	Objetivo Principal	Transición-recepción de testigo
	Objetivos Secundarios	Efectuarlo a máxima velocidad
Medios Técnico-Tácticos	Velocidad y cálculo de distancia	
Jugadores	Por parejas	Campo	Pista de atletismo
Material	Señalización y testigos	Tiempo	15-20 minutos

Explicación
Dos parejas salen simultáneamente procurando alcanzar una velocidad óptima con el propósito de realizar el cambio de testigo con el compañero a máxima velocidad y dentro de la zona señalizada. ¿Qué pareja consigue realizar el cambio correcto con el compañero hacia el final del espacio delimitado?

Observaciones	Vamos reduciendo progresivamente el espacio inicial de cambio, desde los cuarenta metros hasta los veinte reglamentarios.

Ejercicio Nº 35	Objetivo Principal	Adaptación a las zonas reglamentarias del cambio de testigo
	Objetivos Secundarios	Automatización distancia idónea
Medios Técnico-Tácticos	Técnica y coordinación	
Jugadores	Varios equipos de relevos	Campo	Pista de atletismo
Material	Señalización y testigos	Tiempo	15 minutos

Explicación

Cada equipo coloca a sus componentes distribuidos en cada una de las zonas señalizadas de 30 metros. Los componentes de cada zona deben recibir el testigo dentro de la misma.

Observaciones	¿Qué equipo lo consigue? ¿Por qué? Los alumnos reflexionan sobre cual puede ser la mejor colocación de los relevistas, para poder recibir en óptimas condiciones el testigo dentro de la zona.

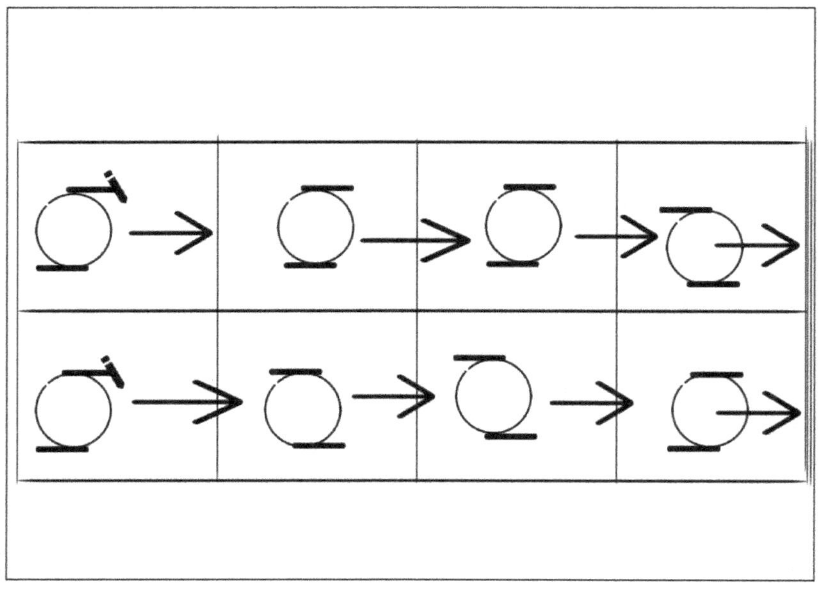

Ejercicio N° 36	Objetivo Principal	Adaptación a las zonas reglamentarias del cambio de testigo	
	Objetivos Secundarios	Automatización distancia idónea	
Medios Técnico-Tácticos	Velocidad y cálculo de distancia		
Jugadores	Por parejas	Campo	Pista de atletismo
Material	Señalización y testigo	Tiempo	10 minutos
Explicación			

Los alumnos deben conseguir el cambio de testigo dentro de la zona y a máxima velocidad. Para ello, el alumno receptor, partirá desde la prezona tomando referencias para iniciar su puesta en acción, ajustando la distancia de cambio con su compañero transmisor.

Observaciones	Los dos compañeros comentan el resultado de la ejecución, a fin de mejorarla.

Ejercicio N° 37	Objetivo Principal	Adaptación a las zonas reglamentarias del cambio de testigo	
	Objetivos Secundarios	Situación real	
Medios Técnico-Tácticos	Velocidad y cálculo de distancia		
Jugadores	Equipos de cuatro	Campo	Pista de atletismo
Material	Señalización y testigos	Tiempo	15 minutos
Explicación			
Los equipos efectúan relevos 4x50m realizando los cambios del testigo en las zonas reglamentarias marcadas alrededor de la pista			
Observaciones	Competimos varias veces contra otros equipos y tratamos de resolver los errores cometidos en cada una de las actuaciones.		

Ejercicio Nº 38	Objetivo Principal	Situaciones con material alternativos	
	Objetivos Secundarios	Lúdico	
Medios Técnico-Tácticos	Pase libre de testigo		
Jugadores	Por parejas	Campo	Pista de atletismo
Material	Palos de escoba recortada	Tiempo	5-10 minutos
Explicación			
Las parejas se cambian el testigo explorando diversas situaciones.			
Observaciones	Sería interesante realizar este mismo ejercicio en un ambiente de naturaleza con los trozos de ramas que encontramos por el suelo.		

Ejercicio Nº 39	Objetivo Principal	Situaciones con material alternativo	
	Objetivos Secundarios	Trabajo de relevo	
Medios Técnico-Tácticos	Desarrollo del agarre		
Jugadores	Por equipos	Campo	Pista de atletismo
Material	Pelotas, aros, picas…	Tiempo	10 minutos
Explicación			
	Muchos de los materiales que utilizamos en la educación física pueden ser transportados por los alumnos e intervenir en juegos de relevos.		
Observaciones	Podemos utilizar los juegos de relevos como una solución pedagógica y estimulativa para el trabajo de cualidades como la resistencia, fuerza, potencia, agilidad…		

Ejercicio Nº 40	Objetivo Principal	Situaciones con material alternativo
	Objetivos Secundarios	Trabajo de relevo
Medios Técnico-Tácticos	Amplitud y frecuencia de zancada	
Jugadores	Por equipos	Campo	Pista de atletismo
Material	Conos y picas	Tiempo	10 minutos
Explicación		

Los equipos compiten corriendo entre picas.

Observaciones

Ejercicio Nº 41	Objetivo Principal	Juegos	
	Objetivos Secundarios	Mejora de la resistencia aeróbica	
Medios Técnico-Tácticos	Trabajo lúdico de carrera continua		
Jugadores	En dispersión, para un jugador	Campo	Pista de atletismo
Material	No precisa	Tiempo	15 minutos
Explicación			

El que la queda tiene que fijar la persecución en un solo jugador, el resto de los jugadores, si quieren salvar al perseguido, tendrán que pasar entre este y el que la queda, con lo que el perseguidor deberá atrapar a la nueva víctima que ha cortado el hilo.

Observaciones

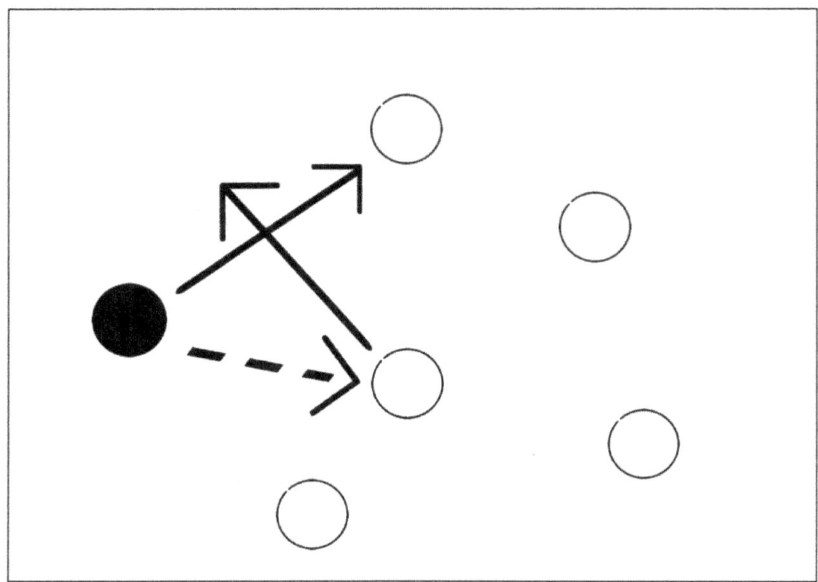

Ejercicio N° 42	Objetivo Principal	Juegos
	Objetivos Secundarios	Mejora de la resistencia anaeróbica láctica
Medios Técnico-Tácticos	Trabajo lúdico de velocidad	
Jugadores	En dispersión, para un jugador	Campo	Pista de atletismo
Material	Señalización y conos	Tiempo	15-20 minutos
Explicación			

El jugador que para tiene que tocar a todos los demás, en el menor tiempo posible. El jugador que está tocado se sienta en el suelo. Se cronometra el tiempo y se compara con otro jugador.

Observaciones

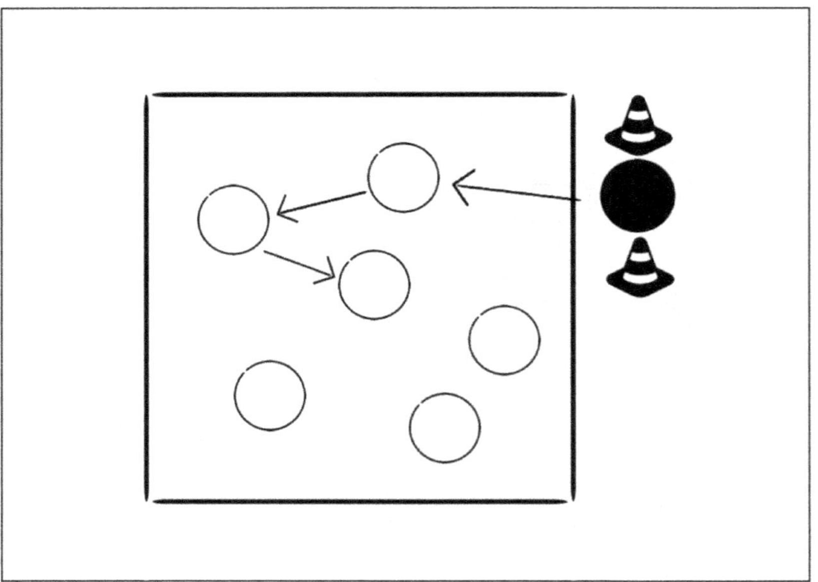

Ejercicio Nº 43	Objetivo Principal	Juegos
	Objetivos Secundarios	Mejora de resistencia aeróbica y anaeróbica
Medios Técnico-Tácticos	Trabajo lúdico con cambios de ritmo	
Jugadores	Parejas e individual	Campo	Pista de atletismo
Material	No precia	Tiempo	10 minutos
Explicación		

Habrá una pareja que será la perseguidora y deberá pillar al máximo de los jugadores. Estos dos no podrán separarse bajo ningún concepto y una vez pillen al perseguido este se unirá a ellos y así sucesivamente hasta que se forme una gran cadena.

Observaciones	El profesor podría dar la consigna de que cuando haya mas de seis personas en una misma cadena, puedan dividirse en parejas pares.

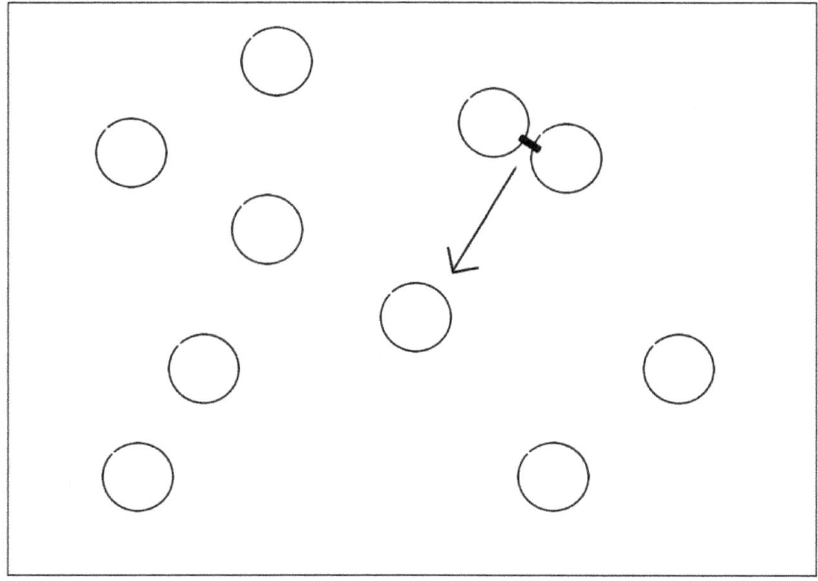

Ejercicio Nº 45	Objetivo Principal	Motricidad de base	
	Objetivos Secundarios	Autoconomiento	
Medios Técnico-Tácticos	Distintas técnicas de carrera		
Jugadores	Individual y libre	Campo	Pista de atletismo
Material	No precisa	Tiempo	5-10 minutos
Explicación			
Corremos con pasos cortos, largos, rápidos, lentos… en función de la denotación del profesor, para que los alumnos sientas distintas sensaciones.			
Observaciones	Puede utilizarse en diferentes tipos de terrenos o ambientes.		

Ejercicio N° 45	Objetivo Principal	Motricidad de base	
	Objetivos Secundarios	Capacidad de seguimiento y ejecución	
Medios Técnico-Tácticos	Habilidades motrices		
Jugadores	Por parejas	Campo	Pista de atletismo
Material	Cadena musical	Tiempo	5-10 minutos
Explicación			
	Un alumno corre y realiza distintos movimientos, el compañero que lo sigue debe imitarlo.		
Observaciones	Al ritmo de la música, el alumno parece que se cansa menos y responde con más alegría.		

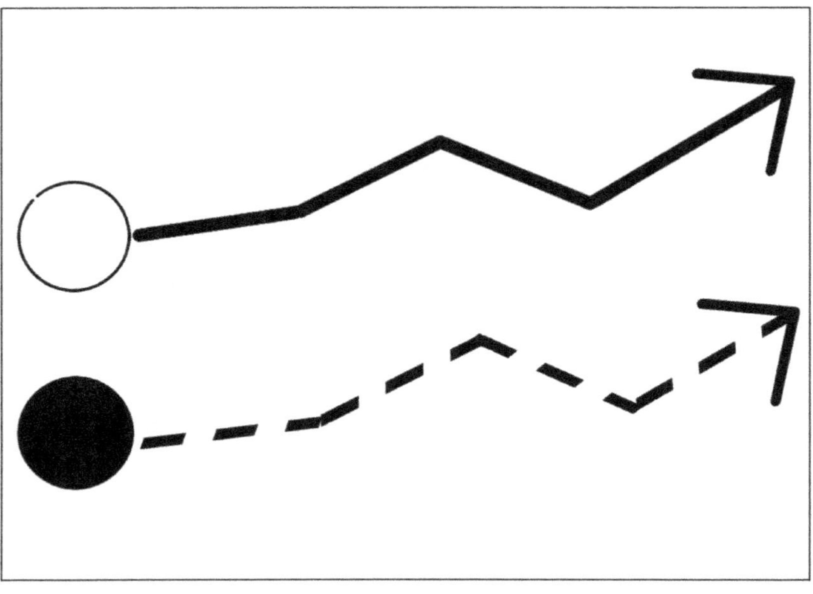

Ejercicio Nº 46	Objetivo Principal	Motricidad de base
	Objetivos Secundarios	Búsqueda constante de nuevas situaciones
Medios Técnico-Tácticos	Habilidades motrices	
Jugadores	Individual y por parejas	Campo	Pista de atletismo
Material	Picas, aros, pelotas…	Tiempo	5-10 minutos
Explicación		

Corremos transportando diferentes tipos de material.

Observaciones

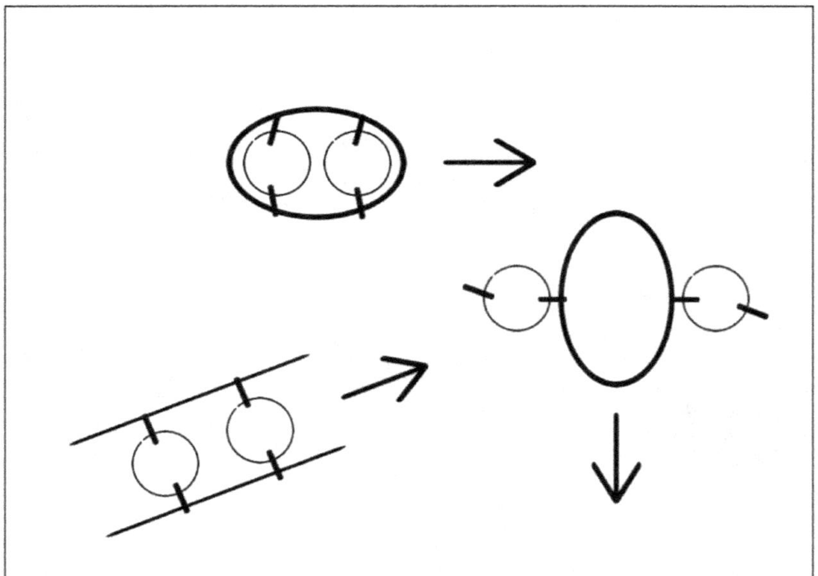

Ejercicio Nº 47	Objetivo Principal	Motricidad de base	
	Objetivos Secundarios	Familiarización a los distintos ritmos de carrera	
Medios Técnico-Tácticos	Habilidades motrices		
Jugadores	Individual y libre	Campo	Pista de atletismo
Material	Soporte musical	Tiempo	5-10 minutos
Explicación			
Los alumnos corren al ritmo de la música libremente por el espacio de juego.			
Observaciones			

Ejercicio N° 48	Objetivo Principal	Construcción de una zancada de carrera sostenida y económica
	Objetivos Secundarios	Cambios de ritmo

Medios Técnico-Tácticos	Cadencia de zancada		
Jugadores	En grupo	Campo	Pista de atletismo
Material	No precisa	Tiempo	10 minutos

Explicación

Todos los alumnos corren a un mismo ritmo suave y en fila india. A la voz del profesor, indicando un nombre de los miembros del grupo, éste se escapa y se inicia una persecución. El alumno que consiga atraparlo será el responsable en llevar la cabeza del grupo, una vez reagrupada la fila y podrá tomar las decisiones de la elección del terreno y direcciones por las cuales seguirán todos sus compañeros.

Observaciones	Endurecimiento de la zancada y mantenimiento de la carrera sostenida con fuertes cambios de ritmo.

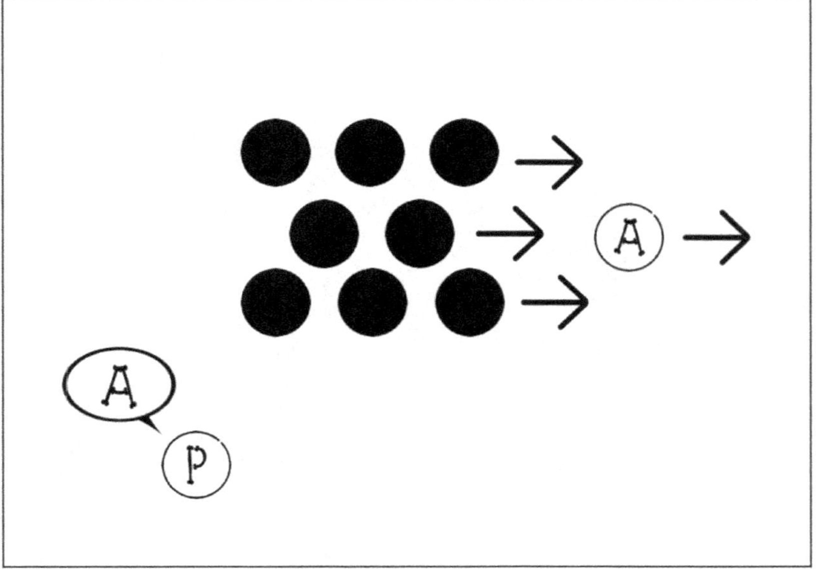

Ejercicio Nº 49	Objetivo Principal	Construcción de una zancada de carrera sostenida y económica
	Objetivos Secundarios	Autorregulación y conciencia de equipo
Medios Técnico-Tácticos	Control de ritmo de carrera	
Jugadores	En grupos	Campo	Pista de atletismo
Material	No precisa	Tiempo	10-20 minutos
Explicación			

Corremos en grupo a un ritmo continuo programado, recorriendo una distancia de 2 a 4 km y nos vamos relevando en la cabeza del pelotón cada dos o tres minutos.

Observaciones	Entre todo el grupo colaboramos para mantener el mismo ritmo de carrera

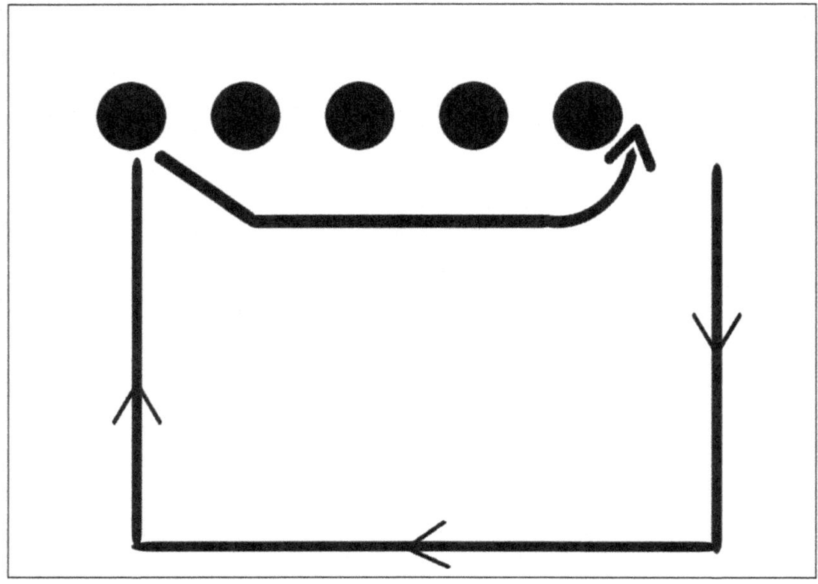

Ejercicio Nº 50	Objetivo Principal	Conciencia de las acciones segmentarias	
	Objetivos Secundarios	Movilidad de las articulaciones	
Medios Técnico-Tácticos	Percepción elástico-reactiva del metatarso		
Jugadores	Individual	Campo	Pista de atletismo
Material	No precisa	Tiempo	5 minutos
Explicación			

Corremos con acciones localizadas en la articulación del tobillo buscando apoyos activos.

Observaciones

Ejercicio Nº 51	Objetivo Principal	Conciencia de las acciones segmentarias
	Objetivos Secundarios	Concienciación segmentaria
Medios Técnico-Tácticos	Coordinación de las extremidades del tren superior e inferior	
Jugadores	Individual	Campo	Pista de atletismo
Material	No precisa	Tiempo	5-10 minutos
Explicación			

Corremos en movimiento de braceo rápido mientras que la acción de la zancada mantiene una frecuencia de movimientos lenta; y viceversa.

Observaciones

Ejercicio Nº 52	Objetivo Principal	Conciencia de las acciones segmentarias	
	Objetivos Secundarios	Percepción del centro de gravedad	
Medios Técnico-Tácticos	Control de actitud económica de carrera		
Jugadores	Individual	Campo	Pista de atletismo
Material	No precisa	Tiempo	5-10 minutos
Explicación			
Corremos variando las posiciones del tronco y centro de gravedad.			
Observaciones			

Ejercicio N° 53	Objetivo Principal	Conciencia de las acciones segmentarias
	Objetivos Secundarios	Concienciación de movimientos del tren inferior
Medios Técnico-Tácticos	Percepción y discriminación de la propia zancada	
Jugadores	Individual	Campo	Pista de atletismo
Material	No precisa	Tiempo	5-10 minutos
Explicación			

Corremos variando actitudes de zancada: con rodilla arriba, entro de metatarso y con talón, zancada circular, talones al glúteo..

Observaciones	Incidir en la importancia de entrar siempre con el metatarso.

Ejercicio N° 54	Objetivo Principal	Conciencia de las acciones segmentarias
	Objetivos Secundarios	Desarrollar una zancada natural para cada atleta

Medios Técnico-Tácticos	Percepción y acomodación a una estructura de zancada		
Jugadores	Individual	Campo	Pista de atletismo
Material	No precisa	Tiempo	5-10 minutos

Explicación

El alumno corre variando diferentes amplitudes y frecuencias de zancada.

Observaciones

Ejercicio Nº 55	Objetivo Principal	Conocimiento del ritmo de carrera
	Objetivos Secundarios	Autorregulación y conciencia de equipo
Medios Técnico-Tácticos	Control del ritmo	
Jugadores	En grupos reducidos	Campo	Pista de atletismo
Material	No precisa	Tiempo	10-15 minutos
Explicación		

Varios alumnos corren en fila manteniendo una distancia entre ellos de cinco a seis metros de separación. El alumno que corre en primera posición, es el responsable en mantener un ritmo constante de carrera.

Observaciones

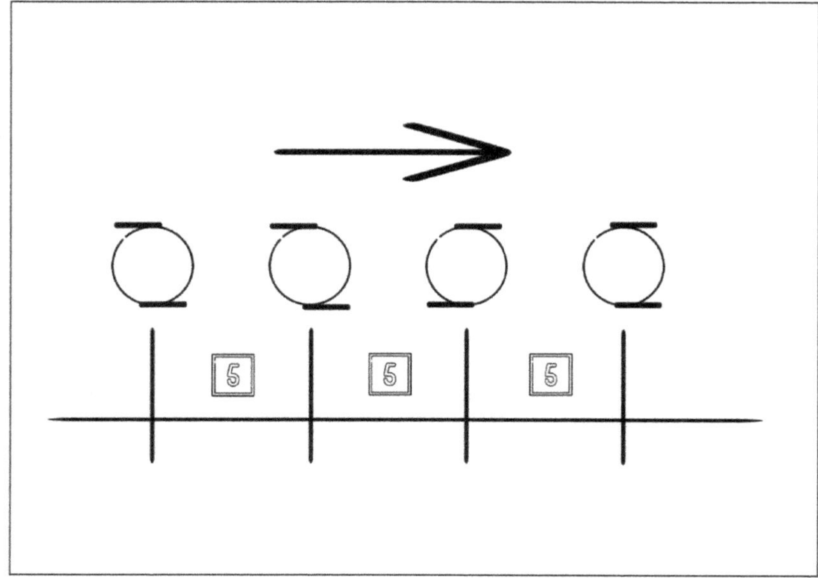

Ejercicio Nº 56	Objetivo Principal	Conocimiento del ritmo de carrera
	Objetivos Secundarios	Percepción y acomodación a un ritmo constante
Medios Técnico-Tácticos	Aumento o disminución de cadencia de zancada	
Jugadores	Por parejas	Campo	Pista de atletismo
Material	Conos	Tiempo	10 minutos
Explicación			

En un circuito regular, dos alumnos parten en carrera desde el mismo punto de salida, pero en sentidos contrarios y deben mantener un ritmo constante a fin de cruzarse siempre en el mismo sitio señalizado por los postes según indica el gráfico.

Observaciones

Ejercicio N° 57	Objetivo Principal	Conocimiento del ritmo de carrera
	Objetivos Secundarios	Adaptación al trabajo de resistencia
Medios Técnico-Tácticos	Conocimiento de distintos tipos de carrera	
Jugadores	Grupos del mismo nivel	Campo	Pista de atletismo
Material	Conos	Tiempo	10 minutos

Explicación

Los alumnos corren y responden a los cambios de ritmo que marca el profesor: ritmo 1 o flojo, ritmo 2 o vivo, 3 o fuerte,…

Observaciones

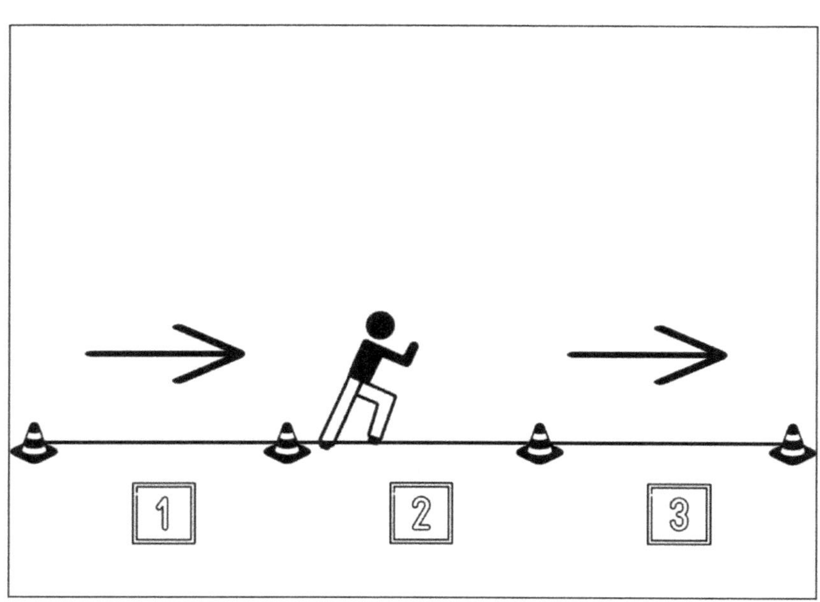

Ejercicio Nº 58	Objetivo Principal	Conocimiento del ritmo de carrera
	Objetivos Secundarios	Adaptación al trabajo de resistencia

Medios Técnico-Tácticos	Conocimiento de distintos tipos de carrera		
Jugadores	Por parejas	Campo	Pista de atletismo
Material	No precisa	Tiempo	10 minutos

Explicación

Dos alumnos corren uno detrás de otro. El alumno que parte en posición atrasada adelanta a su compañero realizando un cambio de ritmo y situándose unos metros delante de éste volviendo a recuperar el ritmo inicial. Se repite la misma situación varias veces.

Observaciones	Este mismo ejercicio puede realizarse en grupos de varios alumnos.

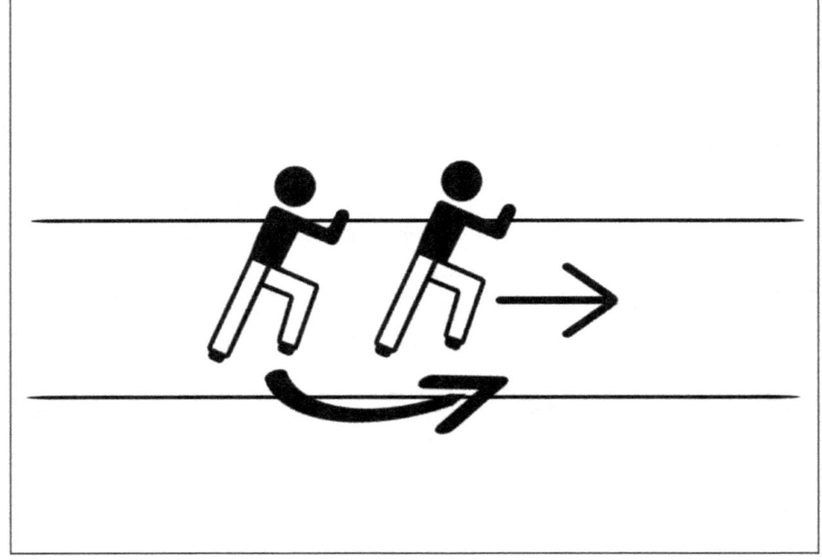

Ejercicio N° 59	Objetivo Principal	Dominio de la zancada de carrera
	Objetivos Secundarios	Control con cambios de ritmo
Medios Técnico-Tácticos	Automatización de ritmos de carrera	
Jugadores	En grupo a fila india	Campo	Pista de atletismo
Material	No precisa	Tiempo	10 minutos

Explicación
Los alumnos corren a un ritmo de carrera constante de tipo medio. El corredor que marcha en la última posición debe adelantarse mediante un cambio de ritmo hasta la primera posición de la fila, manteniendo el ritmo de carrera continuo. Se repite esta acción durante varios minutos.

Observaciones	El profesor puede incorporar diferentes ritmos de trote continuo en el grupo.

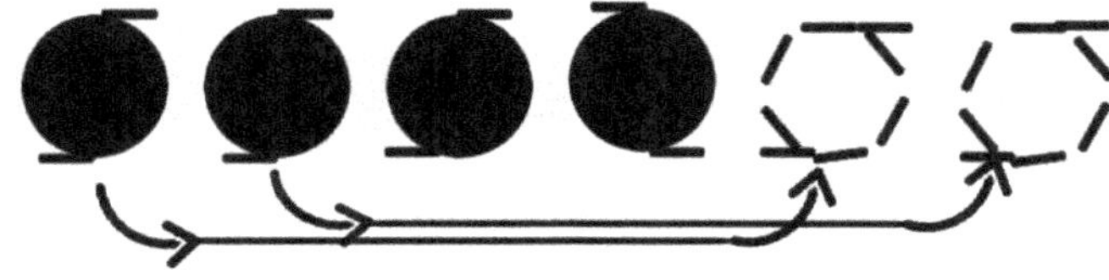

Ejercicio N° 60	Objetivo Principal	Dominio de la zancada de carrera
	Objetivos Secundarios	Control con cambios de ritmo

Medios Técnico-Tácticos	Adaptación a los cambios de ritmo progresivos		
Jugadores	En grupos de cuatro alumnos	Campo	Pista de atletismo
Material	No precisa	Tiempo	10 minutos
Explicación			

Los alumnos corren uno detrás de otro y espaciados entre ellos a una distancia de 10 metros. El alumno que marcha en última posición, 1 debe atrapar a 2, a su vez, 2 atrapa a 3, y 3 atrapa a 4, al final, 4 se despega de 3. El proceso se repite varias veces, paulatinamente vamos aumentando la velocidad.

Observaciones

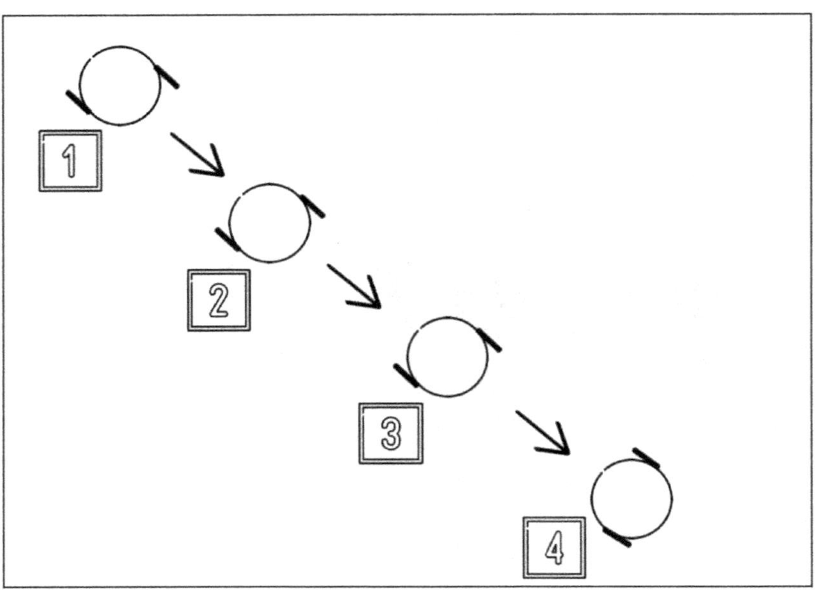

Ejercicio N° 61	Objetivo Principal	Juegos
	Objetivos Secundarios	Desarrollo de velocidad y astucia
Medios Técnico-Tácticos	Cambios de ritmo	
Jugadores	Un jugador para, el resto en un extremo del terreno.	Campo · Pista de atletismo
Material	Conos y cuerdas delimitadoras	Tiempo · 10-15 minutos
Explicación		

A la señal, los jugadores intentarán pasar al otro lado del terreno de juego sin ser tocados por el "policía". Si un jugador es tocado pasa a ser "policía" y se queda en medio a cazar a los demás jugadores.

Observaciones	Todos los cazados forman una red desde un lateral del campo. Cada vez existe menos espacio para pasar.

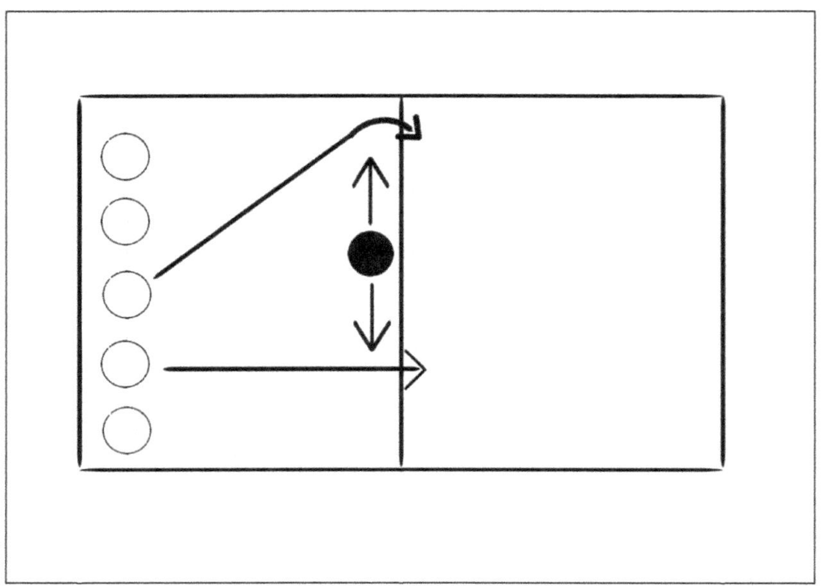

Ejercicio N° 62	Objetivo Principal	Juegos
	Objetivos Secundarios	Reacción y carrera explosiva
Medios Técnico-Tácticos	Velocidad y atención	
Jugadores	Dos equipos	Campo	Pista de atletismo
Material	Cono, pañuelo...	Tiempo	10-15 minutos
Explicación		

Cada equipo a un lado del campo de juego. El profesor se sitúa en el centro del campo, sosteniendo un cono o pañuelo con el brazo estirado. Cada jugador tiene un número. El profesor dirá un número y ambos jugadores uno de cada equipo con dicho número, deberán correr rápidamente a la captura del cono o pañuelo. El jugador que capture el pañuelo deberá transportarlo inmediatamente a su línea de partida sin ser atrapado por el jugador contrario que tratará de eliminarlo. Si consigue volver a su línea ganará punto para su equipo.

Observaciones	Realizar el mismo juego pero con tres equipos; el que coge el cono o pañuelo es perseguido por los otros dos.

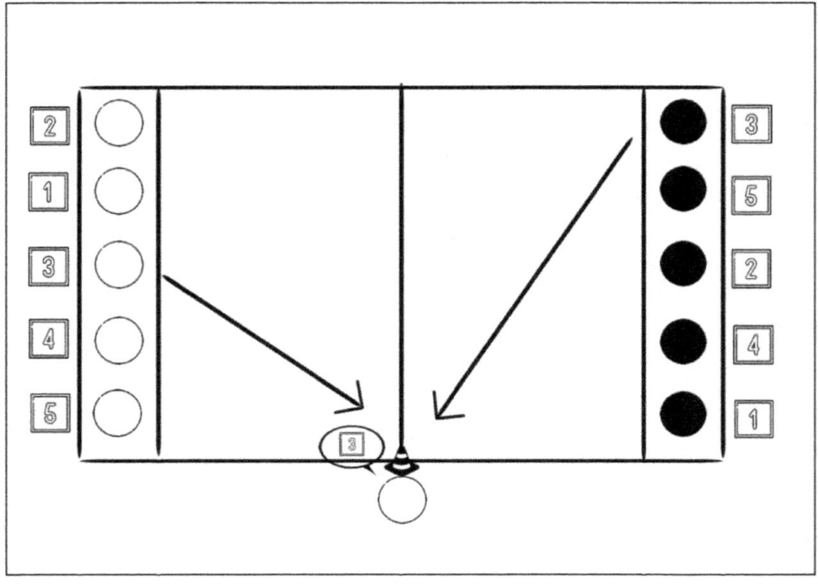

Ejercicio Nº 63	Objetivo Principal	Juegos
	Objetivos Secundarios	Desarrollo de velocidad y astucia
Medios Técnico-Tácticos	Cambios de ritmo	
Jugadores	Dos equipos	Campo · Pista de atletismo
Material	Cuerdas delimitadoras	Tiempo · 10-15 minutos

Explicación

Los dos equipos situados cada uno a un lado del terreno. Los jugadores para entrar dentro del terreno tienen que decir fuertemente "ya". El jugador de un equipo puede capturar a un jugador del otro equipo, siempre y cuando diga ya después de él. Gana el equipo que captura a todos los componentes del equipo contrario.

Observaciones	El jugador perseguido no puede volver a su línea de partida. Se puede cambiar la palabra "ya" por cualquier otra palabra.

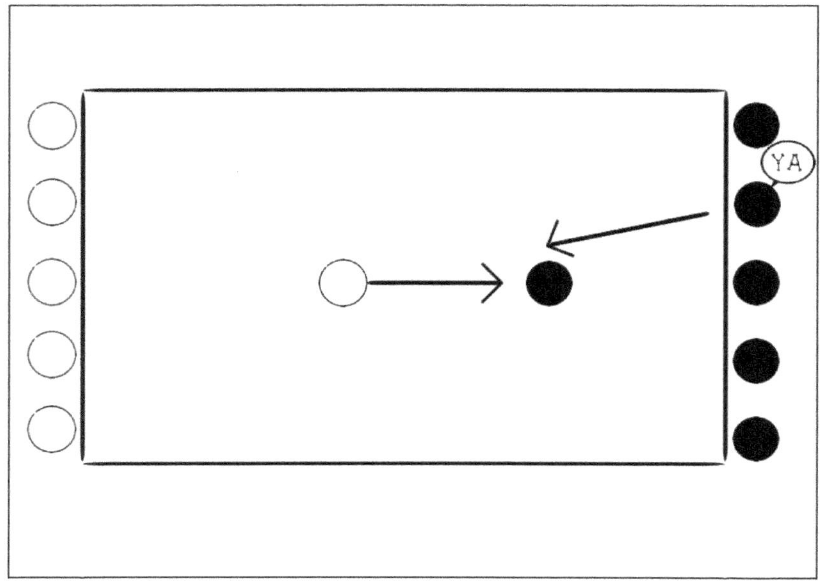

Ejercicio Nº 64	Objetivo Principal	Juegos
	Objetivos Secundarios	Predeterminar una táctica
Medios Técnico-Tácticos	Velocidad y astucia	
Jugadores	Equipos de cinco jugadores	Campo	Pista de atletismo
Material	Cuerdas delimitadoras	Tiempo	10-15 minutos
Explicación		

Cuatro jugadores se sitúan cada uno en una esquina y otro en el centro que "para". A la voz del jugador del centro todos deberán cambiarse de lugar y el que para intentará ocupar una de las esquinas. El jugador que se quede sin esquina pasa al centro.

Observaciones	Variamos la situación con muchas esquinas "parándola" varios jugadores.

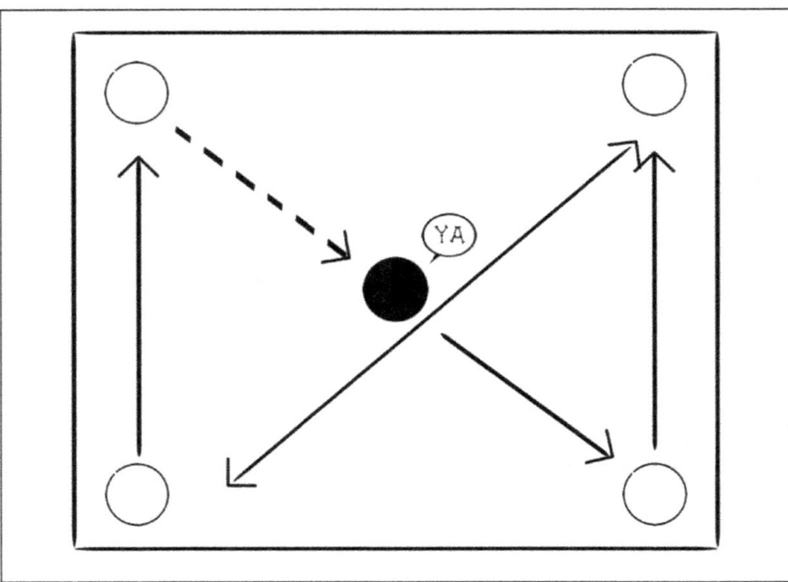

Ejercicio Nº 65	Objetivo Principal	Juegos
	Objetivos Secundarios	Reacción y carrera explosiva
Medios Técnico-Tácticos	Concentración, atención y velocidad	
Jugadores	Individual	Campo	Pista de atletismo
Material	Cuerdas delimitadoras y aros	Tiempo	10-15 minutos

Explicación

Todos los alumnos en una línea de partida. Estos reaccionan a la señal del profesor debiendo ocupar uno de los aros del otro extremo del terreno de juego. Existe un aro para cada jugador, menos para uno. El jugador que no ocupe un aro tiene la primera letra de la palabra "lento". ¿Quién será esta vez el más lento?

Observaciones	Variamos las posiciones de partida y reaccionamos a diferentes estímulos del profesor.

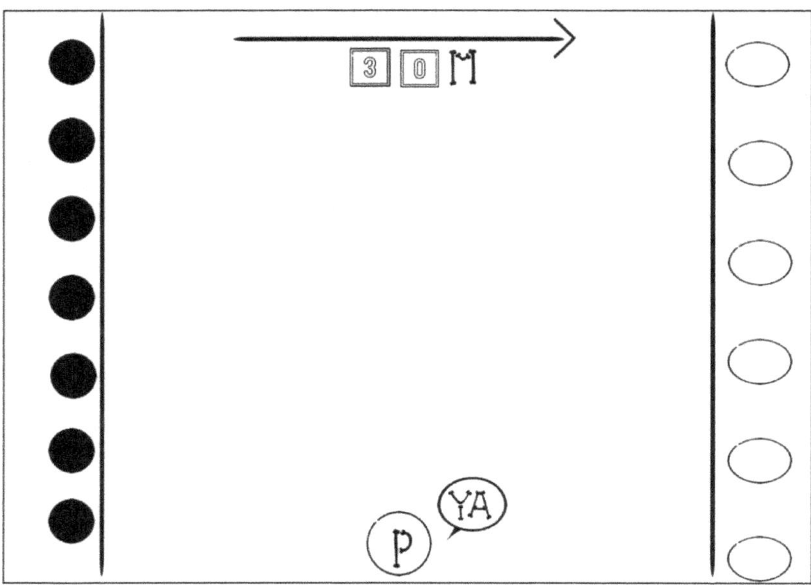

Ejercicio N° 66	Objetivo Principal	Motricidad de base
	Objetivos Secundarios	Mejora de reacción
Medios Técnico-Tácticos	Concentración y atención	
Jugadores	Individual o por oleadas	Campo	Pista de atletismo
Material	No precisa	Tiempo	10 minutos
Explicación		

Desde diferentes posiciones de partida y con diferentes estímulos, el alumno reacciona a la señal del profesor.

Observaciones	Los alumnos proponen distintas formas de partida.

Ejercicio N° 67	Objetivo Principal	Motricidad de base
	Objetivos Secundarios	Mejora de reacción
Medios Técnico-Tácticos	Concentración y atención	
Jugadores	Por parejas	Campo	Pista de atletismo
Material	No precisa	Tiempo	10 minutos

Explicación

A la señal del profesor los alumnos tratan de atrapar al compañero de enfrente, que en la misma posición se encuentra separado a un metro de distancia.

Observaciones	Utilizamos diferentes tipos de reacciones en formas jugadas.

Ejercicio Nº 68	Objetivo Principal	Motricidad de base	
	Objetivos Secundarios	Reacción de tipo visual	
Medios Técnico-Tácticos	Desarrollo de la velocidad		
Jugadores	Por parejas	Campo	Pista de atletismo
Material	No precisa	Tiempo	10 minutos
Explicación			
Dos alumnos corren al trote uno detrás de otro; el primero determina el momento de escaparse de su compañero, y este último debe tratar de alcanzarlo.			
Observaciones	Reaccionamos al cambio de velocidad del compañero.		

Ejercicio Nº 69	Objetivo Principal	Motricidad de base
	Objetivos Secundarios	Reacción de tipo visual

Medios Técnico-Tácticos	Desarrollo de la velocidad		
Jugadores	Por parejas	Campo	Pista de atletismo
Material	No precisa	Tiempo	10 minutos

Explicación

Dos alumnos uno detrás del otro y separados por un metro de distancia, el segundo debe reaccionar intentando atrapar al primero, en el momento en que este último y después de un desequilibrio apoye el pie delantero en el suelo para empezar su carrera.

Observaciones

Ejercicio Nº 70	Objetivo Principal	Motricidad de base
	Objetivos Secundarios	Despertar imaginación del alumno
Medios Técnico-Tácticos	Distintas formas de correr a máxima velocidad	
Jugadores	Individual	Campo	Pista de atletismo
Material	No precisa	Tiempo	10 minutos

Explicación
Los alumnos corren tramos de 20 a 30 metros a máxima velocidad y con diferentes formas de carrera: con pasos cruzados, laterales, subiendo rodillas, de espaldas…
Observaciones

Ejercicio N° 71	Objetivo Principal	Motricidad de base
	Objetivos Secundarios	Mejora de técnica de carrera

Medios Técnico-Tácticos	Autocontrol de zancada		
Jugadores	Individual	Campo	Pista de atletismo
Material	Concs	Tiempo	5-10 minutos

Explicación
Los alumnos pasan entre los conos a modos de skipping.

Observaciones	Variamos la estructura de la zancada jugando con la frecuencia y amplitud de la misma

Ejercicio Nº 72	Objetivo Principal	Motricidad de base
	Objetivos Secundarios	Mejora de técnica de carrera

Medios Técnico-Tácticos	Autocontrol de zancada		
Jugadores	Individual	Campo	Pistas de atletismo
Material	Picas	Tiempo	5-10 minutos

Explicación

Los alumnos desarrollan el objetivo de la frecuencia de zancada corriendo a máxima velocidad entre las picas.

Observaciones	Variamos la ejecución del ejercicio jugando con las distancias.

Ejercicio N° 73	Objetivo Principal	Motricidad de base
	Objetivos Secundarios	Amplitud de zancada

Medios Técnico-Tácticos	Correr a máxima velocidad		
Jugadores	Individual	Campo	Pista de atletismo
Material	Picas	Tiempo	5-10 minutos

Explicación

Corremos entre las picas lo más rápido y con la mayor zancada posible.

Observaciones

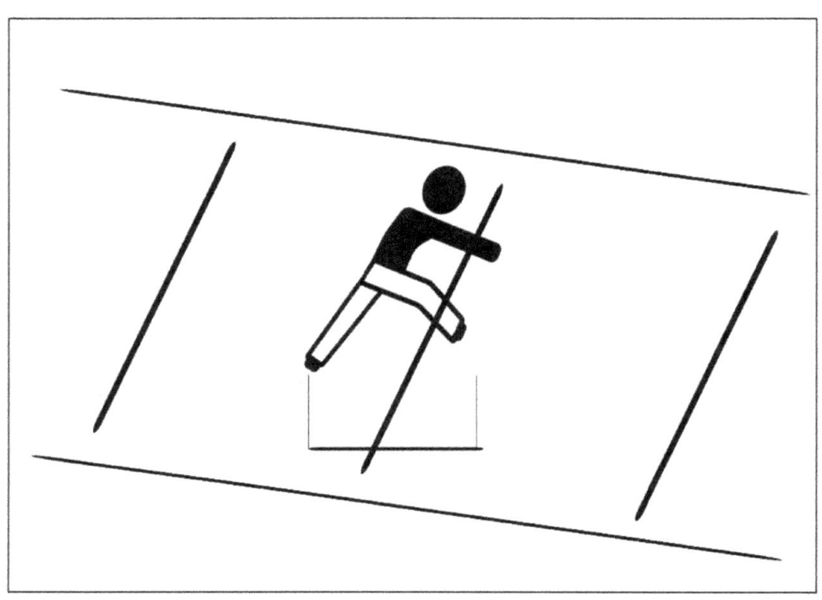

Ejercicio N° 74	Objetivo Principal	Adaptación de las salidas de velocidad
	Objetivos Secundarios	Observar cual es la pierna fuerte de impulso

Medios Técnico-Tácticos	Procurar que el desequilibrio de piernas preceda del impulso		
Jugadores	Individual	Campo	Pista de atletismo
Material	Tacos de salida	Tiempo	10 minutos
Explicación			

Situamos a los dos tacos de salida en posición paralela. El alumno se coloca de pie en los tacos con las rodillas flexionadas; tras un desequilibrio del cuerpo deja caer una pierna flexionada al frente. Primero realizamos el ejercicio sin impulso en los tacos y posteriormente con impulso.

Observaciones	Alternar el ejercicio con ambas piernas.

Ejercicio Nº 75	Objetivo Principal	Adaptación de las salidas de velocidad	
	Objetivos Secundarios	Fase de desequilibrio	
Medios Técnico-Tácticos	Fuerte extensión y empuje de la pierna del taco		
Jugadores	Individual	Campo	Pista de atletismo
Material	Tacos de salida	Tiempo	10 minutos
Explicación			

Apoyo de manos en el suelo con la pierna anterior colocada sobre el taco y la pierna posterior libre, reaccionamos a la señal del profesor. Señalamos una buena coordinación de brazos y piernas.

Observaciones	Lo repetiremos utilizando los dos tacos.

Ejercicio N° 76	Objetivo Principal	El aprendizaje de la salida en los tacos
	Objetivos Secundarios	Aprender la posición de "Atletas a sus puestos"
Medios Técnico-Tácticos	Técnica de salida de tacos (concentración)	
Jugadores	Individual	Campo	Pista de atletismo
Material	Tacos de salida	Tiempo	5-10 minutos
Explicación		

1) El alumno tras las palabras "a sus puestos" se coloca en los tacos.
2) Brazos extendidos a la altura de los hombros con las manos arqueadas en forma de puente.
3) Cabeza ligeramente mirando al frente y siguiendo la trayectoria del tronco.
4) El alumno está relajado, concentrado y atento.

Observaciones

Ejercicio N° 77	Objetivo Principal	El aprendizaje de la salida en los tacos	
	Objetivos Secundarios	Aprender la posición de "listos"	
Medios Técnico-Tácticos	Técnica de salida de tacos (elevación de cadera)		
Jugadores	Individual	Campo	Pista de atletismo
Material	Tacos de salida	Tiempo	5-10 minutos
Explicación			

1) Elevación de cadera de manera que esta se encuentre en una posición más alta que la línea de los hombros.
2) Preparación y concentración para la salida.

Observaciones

Ejercicio Nº 78	Objetivo Principal	Construcción de zancada	
	Objetivos Secundarios	Cambios en la cadencia	
Medios Técnico-Tácticos	Amplitud y frecuencia		
Jugadores	Por oleadas	Campo	Pista de atletismo
Material	No precisa	Tiempo	10-15 minutos
Explicación			

El alumno realiza progresivos de velocidad:

1) Progresivo aumentando la velocidad por la amplitud de zancada.
2) Aumentando la frecuencia de zancada.

Observaciones	Procurar que en el progresivo de amplitud de zancada los apoyos no se realicen con el talón. Podemos aumentar la amplitud y la frecuencia en cada zancada, cada dos zancadas, cada tres, etc.

Ejercicio Nº 79	Objetivo Principal	Construcción de zancada
	Objetivos Secundarios	Automatizar velocidad de lanzada
Medios Técnico-Tácticos	Amplitud de zancada	
Jugadores	Oleadas de grupos reducidos	Campo	Pista de atletismo
Material	No precisa	Tiempo	10 minutos

Explicación

Con un tramo inicial para adquirir la máxima velocidad en 10 metros, el alumno corre manteniendo la velocidad durante 30 metros (velocidad lanzada). Realizamos el ejercicio una vez a máxima amplitud, otra a máxima.

Observaciones

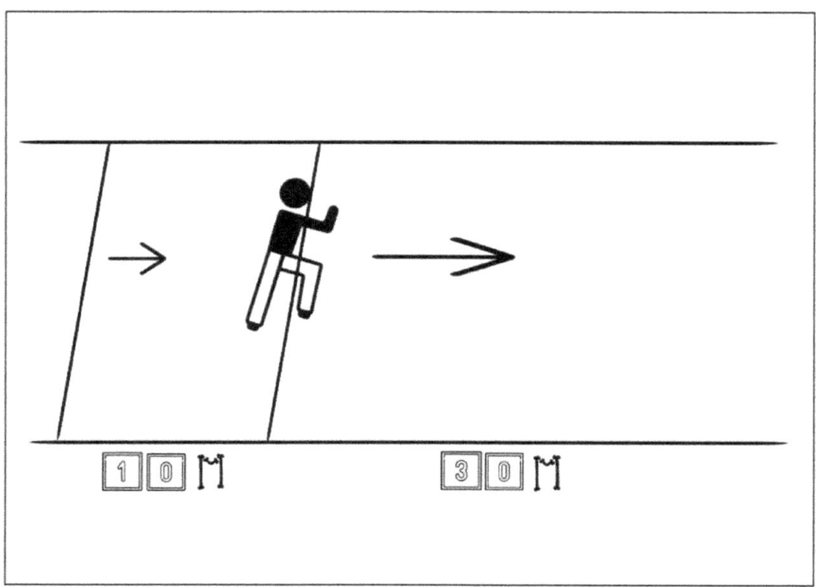

Ejercicio N° 80	Objetivo Principal	Percepción y mejora de la zancada de alta velocidad
	Objetivos Secundarios	Concentración en pierna de impulso
Medios Técnico-Tácticos	Completar acción de pierna de impulso	
Jugadores	Individual	Campo	Pista de atletismo
Material	Conos	Tiempo	5-10 minutos
Explicación			

Tratamos de realizar 10m en skipping de amplitud, y finalizamos con 20m de carrera de alta velocidad.

Observaciones

Ejercicio Nº 81	Objetivo Principal	Juegos	
	Objetivos Secundarios	Diversión	
Medios Técnico-Tácticos	Flexión de tronco y desplazamiento		
Jugadores	Individual	Campo	Pista de atletismo
Material	No precisa	Tiempo	5-10 minutos
Explicación			

Los alumnos realizan competiciones de 20 a 30 metros cogiéndose los tobillos con las manos.

Observaciones	Variamos la competición andando lateralmente y hacia atrás.

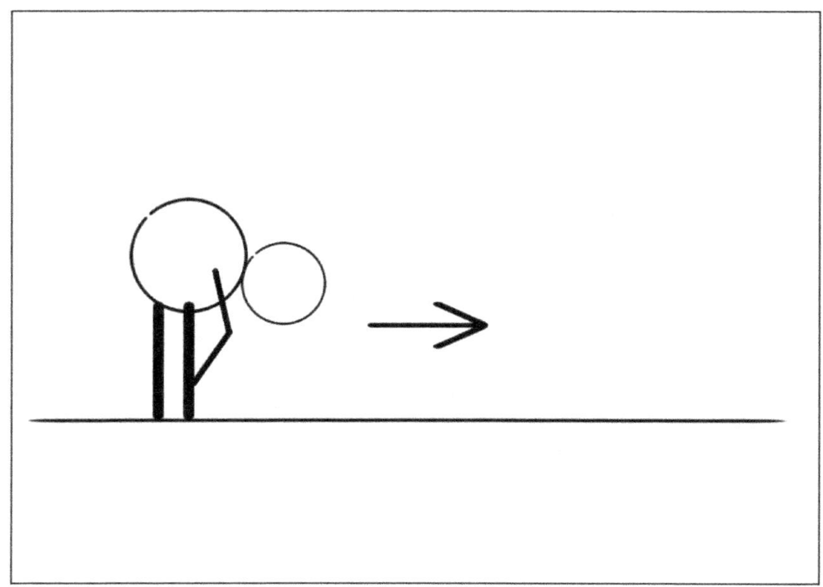

Ejercicio N° 82	Objetivo Principal	Juegos
	Objetivos Secundarios	Diversión

Medios Técnico-Tácticos	Coordinación y desplazamiento		
Jugadores	Equipos de cuatro alumnos	Campo	Pista de atletismo
Material	No precisa	Tiempo	5-10 minutos

Explicación

Los alumnos se unen en fila india sujetos con brazos en hombros y compiten en tramos de 50 metros con pasos hacia delante y en diagonal.

Observaciones	Procuramos llevar el mismo ritmo.

Ejercicio N° 83	Objetivo Principal	Juegos
	Objetivos Secundarios	Diversión
Medios Técnico-Tácticos	Cambios en la frecuencia de zancada	
Jugadores	Por equipos	Campo	Pista de atletismo
Material	Conos	Tiempo	10-15 minutos

Explicación

Los alumnos en grupos realizan competiciones de relevos marchando en una distancia de 30 a 40m.

Competimos unas veces con máxima frecuencia del paso y otras con máxima amplitud.

Observaciones

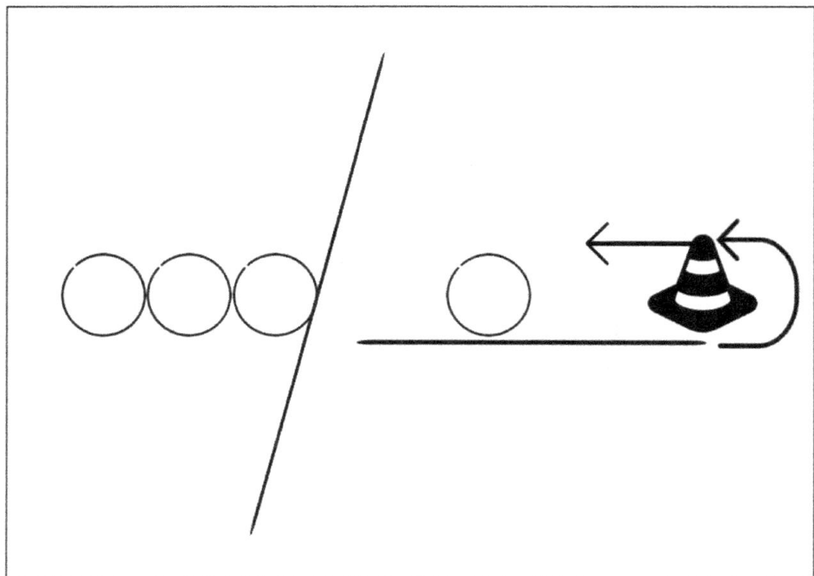

Ejercicio Nº 84	Objetivo Principal	Juegos
	Objetivos Secundarios	Diversión

Medios Técnico-Tácticos	Continuos cambios de ritmo		
Jugadores	Dos grupos	Campo	Pista de atletismo
Material	Petos de dos colores para cada equipo	Tiempo	10-15 minutos

Explicación

Un grupo con chalecos de un color y otro grupo con chalecos de otro color. Todos van marchando persiguiéndose entre ellos. Cuando un jugador es cazado, éste se coloca marchando detrás del cazador, cogiéndose por los hombros. Gana el equipo que más jugadores capture en un tiempo determinado.

Observaciones	Se pueden salvar a los jugadores capturados que van últimos.

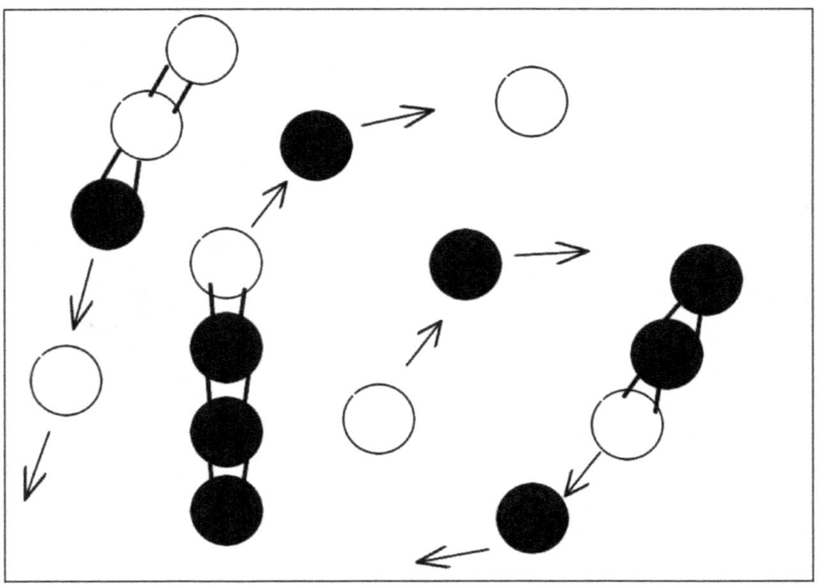

Ejercicio Nº 85	Objetivo Principal	Motricidad de base
	Objetivos Secundarios	Percepción tras distintos tipos de apoyos

Medios Técnico-Tácticos	Movilidad de tobillos		
Jugadores	Individual	Campo	Pista de atletismo
Material	Música	Tiempo	5-10 minutos
Explicación			

Andamos con diferentes apoyos de pie, en diferentes trayectorias y orientaciones.

Observaciones	Estimulamos la sesión con música de fondo.

Ejercicio N° 86	Objetivo Principal	Motricidad de base	
	Objetivos Secundarios	Percepción de distintos tipos de apoyo	
Medios Técnico-Tácticos	Movilidad de tobillos		
Jugadores	Individual	Campo	Pista de atletismo
Material	No precisa	Tiempo	5-10 minutos
Explicación			
En una línea andamos con: pasos cruzados, pasos paralelos, y pasos sobre la línea.			
Observaciones	Procuramos mantener la mirada al frente e interiorizar las diferencias del paso.		

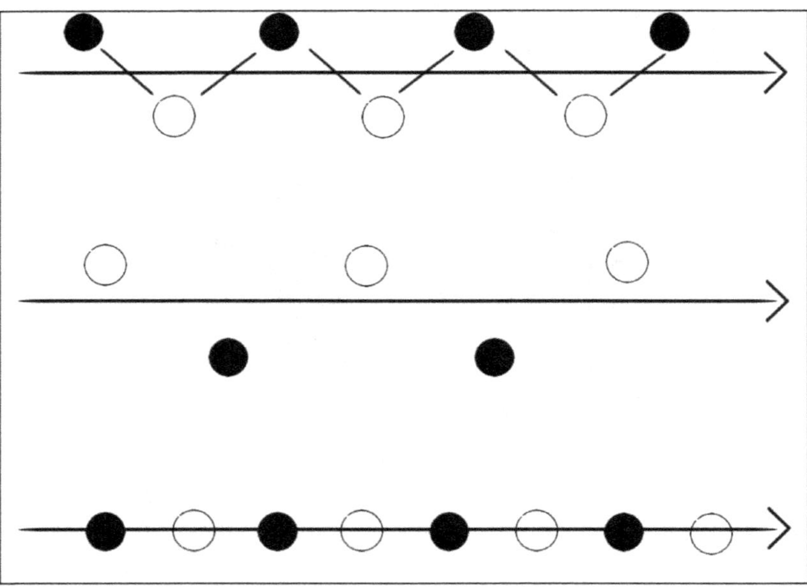

Ejercicio N° 87	Objetivo Principal	Motricidad de base
	Objetivos Secundarios	Diversión y desinhibición
Medios Técnico-Tácticos	Coordinación propia y entre compañeros	
Jugadores	Individual, parejas y grupos	Campo	Pista de atletismo
Material	No precisa	Tiempo	10 minutos
Explicación			

Andamos cogiéndonos los tobillos con las manos. Andamos por parejas cogidos de las manos, cogiendo los tobillos del compañero adelantado y andamos en grupos y en fila india, todos cogidos por los hombros, en fila lateral..

Observaciones	Animamos la búsqueda del alumno hacia nuevas situaciones.

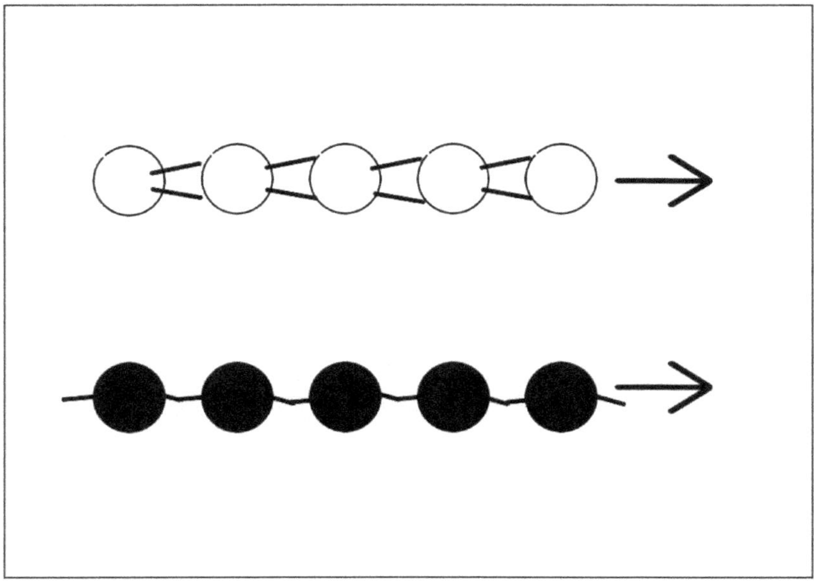

Ejercicio N° 88	Objetivo Principal	Motricidad de base	
	Objetivos Secundarios	Diversión	
Medios Técnico-Tácticos	Confianza en el compañero		
Jugadores	Por parejas	Campo	Pista de atletismo
Material	No precisa	Tiempo	10 minutos
Explicación			

Andando, empujamos por la espalda a un compañero que intenta resistirse. En una segunda situación, un alumno que es cogido de la mano por un compañero, el cual corre delante suyo, debe intentar mantener el ritmo de carrera de éste, andando con rapidez.

Observaciones	Podemos motivar a los alumnos, realizando competiciones con el segundo ejercicio.

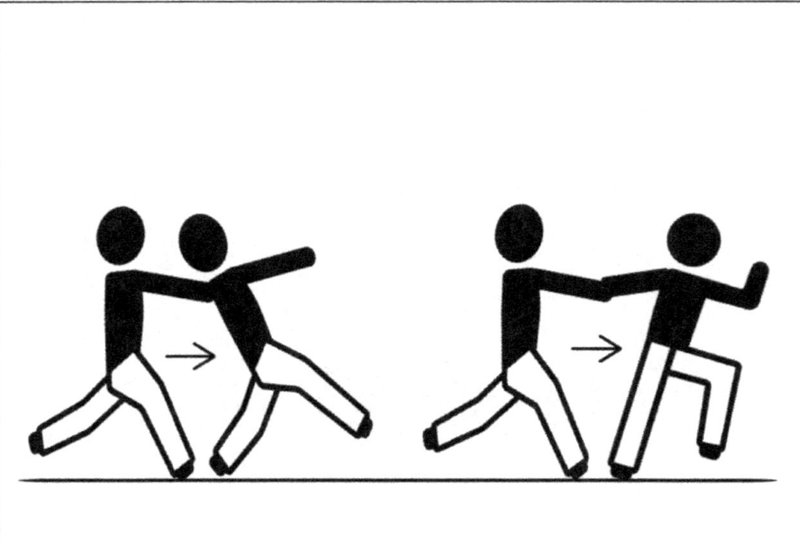

Ejercicio N° 89	Objetivo Principal	Marchar
	Objetivos Secundarios	Interiorización de la mecánica de avanzar rápido
Medios Técnico-Tácticos	Aumento de zancada	
Jugadores	Individual	Campo	Pista de atletismo
Material	No precisa	Tiempo	5 minutos
Explicación		

Marchamos ampliando la longitud del paso al máximo y luego intentamos progresar en la frecuencia y manteniendo la amplitud.

Observaciones	Procuramos no llevar el tronco demasiado tirado hacia atrás.

Ejercicio N° 90	Objetivo Principal	Marchar
	Objetivos Secundarios	Interiorización de la mecánica de avanzar rápido
Medios Técnico-Tácticos		Aumento de zancada
Jugadores	Por parejas	Campo	Pista de atletismo
Material	No precisa	Tiempo	5-10 minutos
Explicación		
Marchamos rápidamente ante el empuje que realiza un compañero por detrás de nuestra espalda.		
Observaciones	Procuramos no doblar la rodilla de la pierna que contacta con el suelo.	

Ejercicio N° 91	Objetivo Principal	Marchar
	Objetivos Secundarios	Proyección del centro de gravedad y tronco
Medios Técnico-Tácticos	Control de ascenso y descenso de la cadera	
Jugadores	Individual	Campo	Pista de atletismo
Material	No precisa	Tiempo	10 minutos

Explicación

Marchamos manteniendo un enérgico impulso y pasando rápidamente por la fase de sostén, buscando el doble apoyo inmediato.

Observaciones	Tratamos de que los pasos sean largos y rápidos.

Ejercicio N° 92	Objetivo Principal	Marchar
	Objetivos Secundarios	Proyección del centro de gravedad y tronco
Medios Técnico-Tácticos	Acentuamos la fase de sostén en la pierna anterior	
Jugadores	Individual	Campo	Pista de atletismo
Material	No precisa	Tiempo	5-10 minutos
Explicación		

Marchamos describiendo círculos.

Observaciones

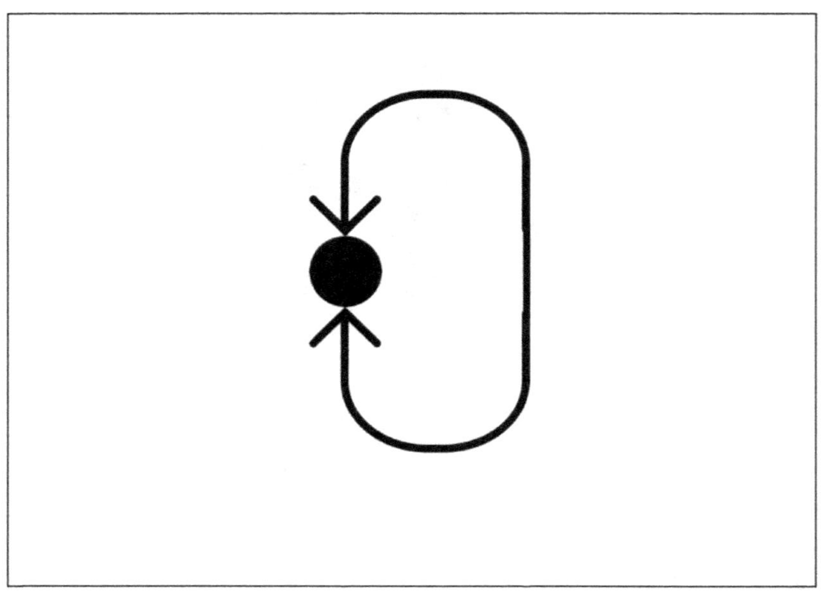

Ejercicio Nº 93	Objetivo Principal	Marchar	
	Objetivos Secundarios	Proyección del centro de gravedad y tronco	
Medios Técnico-Tácticos	Interiorizar perceptiblemente la información de su propio movimiento		
Jugadores	Individual	Campo	Pista de atletismo
Material	No precisa	Tiempo	10 minutos
Explicación			

Marchamos lentamente:

1) Aguantamos el equilibrio en la fase de sostén.
2) Desequilibrio hacia adelante con fuerte impulso, buscamos el doble apoyo con amplia rotación de caderas.
3) Efectuamos la fase de tracción hasta que volvemos de nuevo a la fase de sostén. Esta fase de tracción la realizamos con rapidez.

Observaciones

Ejercicio Nº 94	Objetivo Principal	Marchar
	Objetivos Secundarios	Proyección del centro de gravedad y tronco
Medios Técnico-Tácticos	Repasar analíticamente la percepción del gesto	
Jugadores	Individual	Campo	Pista de atletismo
Material	No precisa	Tiempo	10 minutos

Explicación
Acción de marchar a relentí con percepción del gesto técnico, posteriormente intentamos marchar rápido.

Observaciones	Algunos compañeros observan y descubren errores.

Ejercicio Nº 95	Objetivo Principal	Marchar
	Objetivos Secundarios	Mejorar la acción de caderas
Medios Técnico-Tácticos	Marchar con un movimiento amplio del paso	
Jugadores	Por parejas	Campo	Pista de atletismo
Material	No precisa	Tiempo	5-10 minutos

Explicación

Un compañero nos ayuda desde atrás reforzando el movimiento de caderas.

Observaciones

Ejercicio Nº 96	Objetivo Principal	Marchar	
	Objetivos Secundarios	Mejorar la acción de caderas	
Medios Técnico-Tácticos	Disociación de la línea de caderas y hombros		
Jugadores	Individual	Campo	Pista de atletismo
Material	No precisa	Tiempo	5-10 minutos
Explicación			

El alumno marcha con rotación opuesta de brazos. Si la rotación del brazo derecho es hacia atrás, se produce un gran avance de cadera, superior al de la parte izquierda, y si cambiamos el sentido de la rotación de brazos, el avance de cadera se produce por el lado izquierdo.

Observaciones

Ejercicio Nº 97	Objetivo Principal	Marchar
	Objetivos Secundarios	Desarrollar la acción de brazos y hombros

Medios Técnico-Tácticos	Búsqueda de soltura en el movimiento de hombros		
Jugadores	Individual	Campo	Pista de atletismo
Material	No precisa	Tiempo	5-10 minutos

Explicación

El alumno en una primera posición sentado en el suelo realiza rotaciones anteriores y posteriores de hombros. Se alterna este ejercicio con braceos a modo de marcha. En una segunda posición el alumno realiza las mismas acciones pero esta vez marchando.

Observaciones

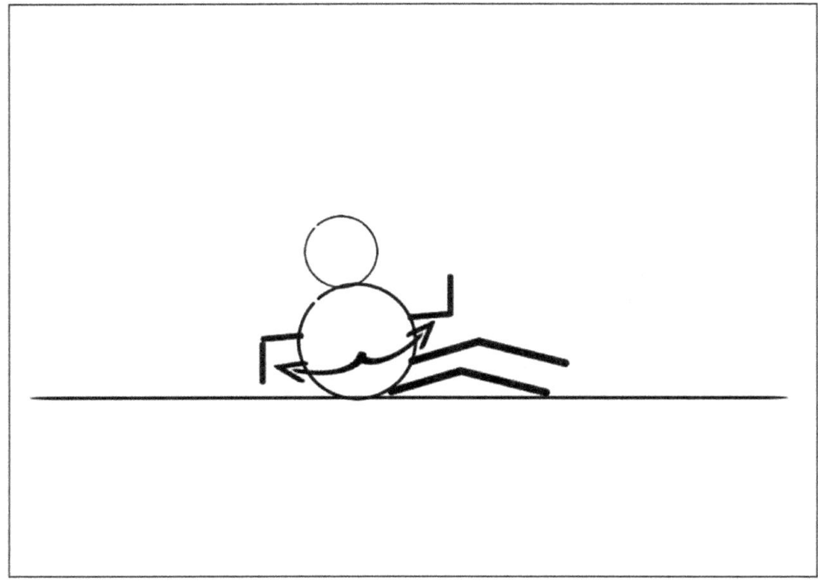

Ejercicio N° 98	Objetivo Principal	Marchar
	Objetivos Secundarios	Desarrollar la acción de brazos y hombros

Medios Técnico-Tácticos	Dominio creado y natural del movimiento de brazos		
Jugadores	Individual	Campo	Pista de atletismo
Material	No precisa	Tiempo	5-10 minutos

Explicación

Andamos o marchamos con rotación completa y media rotación, de movimiento simultáneo y alternativo de brazos.

Observaciones

Ejercicio Nº 99	Objetivo Principal	Marchar
	Objetivos Secundarios	Desarrollar la acción de brazos y hombros
Medios Técnico-Tácticos	Discriminación perceptiva segmentaria	
Jugadores	Individual	Campo	Pista de atletismo
Material	No precisa	Tiempo	5-10 minutos

Explicación

Los alumnos marchan con un movimiento rápido del paso y con movimiento lento de braceo, y viceversa.

Observaciones

Ejercicio Nº 100	Objetivo Principal	Motricidad de base	
	Objetivos Secundarios	Competición lúdica	
Medios Técnico-Tácticos	Sobrepasar obstáculos en carrera		
Jugadores	Individual	Campo	Pista de atletismo
Material	Pelotas, aros, picas, cuerdas...	Tiempo	15-20 minutos
Explicación			
Los alumnos compiten atravesando circuitos.			
Observaciones	Variamos las formas de competición: en relevos, por parejas...		

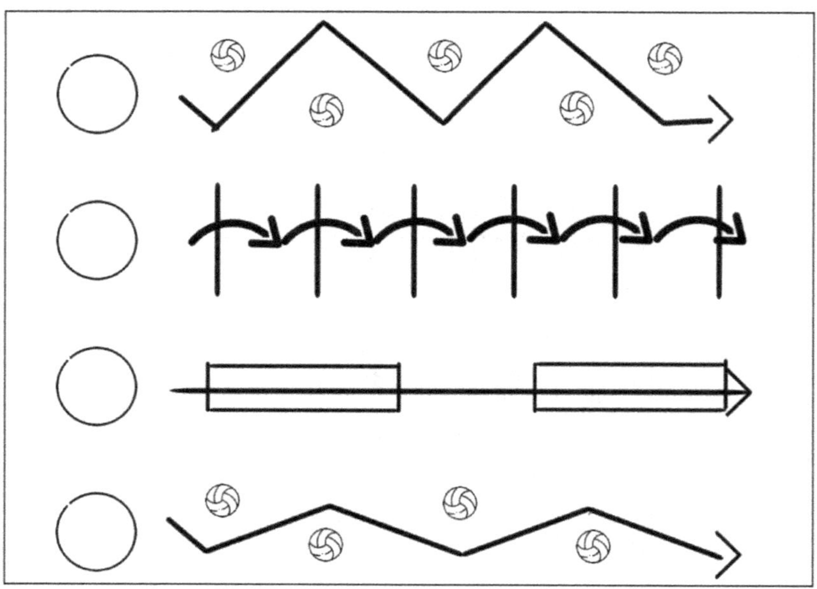

9 788418 262586